Backen
herzhaft und pikant

So schmeckt's noch besser...

Backen
herzhaft und pikant

Ein besonderes Bildbackbuch mit reizvollen Rezepten

GU GRÄFE UND UNZER

Inhalt

Ein Wort zuvor

Herzhaftes und Pikantes aus dem Backofen steht bei Feinschmekkern hoch im Kurs. »Salziges« Gebäck zu Bier und Wein ist außerordentlich beliebt. Eine hausgebackene Pastete ist schon optisch ein Genuß und schmeckt ungemein köstlich.
Die pikante Hausbäckerei ist merkwürdigerweise ein Thema, das bisher kaum behandelt wurde. Rezepte für pikantes Gebäck sind zwar in vielen Kochbüchern enthalten, doch eher versteckt, und sogar in reinen Backbüchern sind sie neben den süßen Rezepten meist nur in einem kleinen Kapitel vertreten.
Für dieses farbige Bildkochbuch habe ich darum versucht, besonders feine Rezepte pikanter Bäkkereien aufzustöbern, um dem umfangreichen und reizvollen Thema wirklich gerecht zu werden. Die vielen Farbfotos werden Ihnen schon beim Durchblättern Appetit machen und Ihre Neugierde wecken.
Pikant backen bedeutet Backen und Kochen zugleich, denn für die Zubereitung der meisten Rezepte wird beides verlangt: man muß Teig zubereiten und die Füllung kochen.
Aus Qualitätsgründen ziehen viele selbstgebackenes »Süßes« den fertig angebotenen Produkten vor. Für pikantes Gebäck gilt dies um so mehr, denn all die feinen Pastetchen, die gefüllten Windbeutel oder Blätterteighäppchen, Zwiebelkuchen oder eingebackenen Würstchen kann man nur selten kaufen. Hinzu kommt noch der Spaß am Selbermachen, denn Backen war immer schon mehr Hobby als reine Notwendigkeit, wie es das Kochen oft ist. Gästen ist etwas Herzhaftes aus dem eigenen Ofen stets willkommen. Besonders die kleinen Knabbereien, die man zwischendurch in fröhlicher Runde verspeist, sind ein Genuß für alle. Aber auch ein Zwiebelkuchen vom Blech oder eine Käsewähe sind rustikale Gerichte, die zu vielen Gelegenheiten passen. Und was für den Wohlgeschmack so wichtig ist: die meisten pikanten Backwerke kann man vorbereiten, mühelos vor dem Servieren aufbacken und den Gästen ofenwarm reichen.
Aus der großen Auswahl herzhafter Back-Ideen habe ich Rezepte für viele Anlässe ausgesucht. Das beginnt bei den einfachen Salzbrezeln und Bierstangen aus Hefeteig oder Käsegebäck aus Mürbteig. Man kann davon einen Vorrat zubereiten und die Stücke kurz vor dem Servieren in den heißen Ofen schieben. Auch Gebäck aus Brandteig oder Blätterteig läßt sich recht wirtschaftlich im voraus herstellen. Man kann es durchaus in größeren Mengen backen und ungefüllt in der Tiefkühltruhe aufbewahren, um Windbeutel, Brioches oder kleine Pastetchen zum Aufbacken und Füllen immer rasch zur Hand zu haben.
Rezepte für herzhafte Kuchen wie zum Beispiel Speckkuchen, Tomaten- oder Lauchtorte und Pizza sind natürlich auch vertreten, ebenso internationale pikante »Klassiker« wie russische Kohlpastete, lothringische Quiche, chinesische Frühlingsrollen und griechischer Spinatkuchen. Kleine und große Pasteten vom Blech oder aus der Form mit köstlichen Füllungen fehlen ebensowenig wie pikante Torten und Fettgebackenes.
Sie sehen, pikantes Gebäck gibt es in außerordentlich vielen und reizvollen Variationen, weil die Möglichkeiten für Belag und Füllungen, seien es Fleisch, Wild, Fisch, Gemüse oder Eier, schier unerschöpflich sind. Kräuter und Gewürze ermöglichen darüberhinaus eine ungeheure Geschmacksvielfalt. Beherrscht man einmal die Grundrezepte verschiedener Teige – und das ist mit den genauen Anleitungen wirklich nicht schwierig – dann sind der eigenen Phantasie keine Grenzen gesetzt und das Backen macht wirklich Spaß.
»So schmeckt's noch besser«, werden Sie feststellen und über die Vorschläge in diesem Buch hinaus immer wieder neue Möglichkeiten entdecken.
Viel Freude beim Backen und gutes Gelingen wünscht Ihnen

Ihr
Christian Teubner

Backtechnik kurzgefaßt

Beim Backen führt nur die konsequente Beachtung der Rezepte und vor allem der angegebenen Zutaten zum Erfolg. Im Gegensatz zum Kochen läßt sich am Ergebnis (wenn das Gebäck aus dem Ofen kommt) nichts mehr ändern. Deshalb habe ich in diesem Bildkochbuch wesentliche Grundzubereitungen in farbigen Bildfolgen erklärt. Diese Basisrezepte erlauben Ihnen dann eigene Variationen, zum Beispiel Füllungen nach Ihrem Geschmack. Wer Spaß am Formen hat, der kann auch aus einem Hefeteig für Salzgebäck nicht nur Brezeln oder Stangen formen, sondern seine Gäste einmal mit gebackenen Initialen oder Tierkreiszeichen überraschen.

Der richtige Teig

Das pikante Backen, also ohne Zucker, unterscheidet sich vom süßen Backen nur in wenigen Punkten, aber diese wollen auch sehr genau beachtet sein. Man kann also nur Teige verwenden, die auch ohne Zucker gelingen.
Da ist zunächst der Hefeteig: Er ist wesentlich einfacher zuzubereiten, als manchmal behauptet wird. Wichtig ist aber, daß man wirklich einwandfreie Zutaten verwendet und daß Zutaten und Geräte rechtzeitig bereitgestellt werden. Temperaturunterschiede wie auch Zugluft können das Gelingen beeinträchtigen. Das Grundrezept für Hefeteig finden Sie auf Seite 9.
Auch mit Brandteig können wir Pikantes zubereiten, weil er ohnehin keinen Zucker enthält. Man bäckt zum Beispiel Windbeutel wie gewohnt und füllt sie mit einer pikanten Creme (siehe Rezept Seite 20), die man nach Belieben variieren kann.
Der Mürbteig ist für herzhaftes Gebäck fast ebenso wichtig wie der Hefeteig, denn man braucht ihn sowohl für kleines Knabbergebäck als auch für pikante Torten und Törtchen, die mit einer feinen Füllung gebacken werden sollen. Mürbteig wird übrigens auch oft »geriebener Teig« genannt. Vor allem aber ist die salzige Version als Pasteten-Mürbteig für uns wichtig. In Frankreich und in der Schweiz versteht man übrigens unter Mürbteig oder pâte brisée immer nur den leicht gesalzenen, zuckerfreien Teig.
Nicht vergessen werden darf der Blätterteig, der ebenfalls von Haus aus keinen Zucker enthält. Da seine Zubereitung viel Mühe erfordert und man ihn in sehr guter Qualität tiefgefroren fertig kaufen kann, habe ich in meinen Rezepten auf die Zubereitung von Blätterteig verzichtet. Eine Variante – Blätterteig mit Hefeteig – ergibt übrigens ein besonders luftiges Hefegebäck; ein Beispiel dafür sind die Käsehörnchen auf Seite 12.
Als letzten haben wir noch den Strudelteig – auch er grundsätzlich ohne Zucker hergestellt –, den man nicht nur mit Obst und anderem Süßem, sondern ganz hervorragend auch beispielsweise mit einer herzhaften Gemüsemischung füllen kann, wie Sie auf Seite 48 sehen. Das Wesentliche beim Strudelteig ist die Geduld, die man für das »Ausziehen« braucht, damit die Teighülle auch wirklich ganz blättrig dünn die saftige Füllung umschließen kann.
Ein Wort noch zum Mehl: Früher mußte das Mehl stets gesiebt werden, damit eventuell vorhandene Klümpchen oder gar Fremdkörper nicht im Teig landeten. Das ist beim heutigen Mehl, das wir einwandfrei verpackt und gelagert kaufen, überflüssig geworden. Dennoch siebe ich das Mehl immer, weil es dadurch aufgelockert wird und sich dann mit den anderen Teigzutaten besser verbindet.
Da viele heute aus geschmacklichen oder aus gesundheitlichen Gründen naturbelassene Produkte bevorzugen, sind in diesem Bildbackbuch auch einige Rezepte für Gebäck mit Vollkornmehl zu finden. Sie können diese durchaus als Basis für andere Rezeptkombinationen verwenden.

Das Backen im eigenen Ofen

Auf die genaue Befolgung der Anweisungen in den Rezepten wurde schon hingewiesen, aber kein Rezept kann so genau beschrieben werden, daß es nicht doch einmal kleine Probleme gäbe, zum Beispiel bei den Backtemperaturen und -zeiten. Diese Angaben können auch in meinen Rezepten nur Richtwerte sein, denn

sie sind weitgehend abhängig von Ihrem eigenen Backofen. Selbst beim traditionellen Herd mit Strahlungshitze gibt es zwischen den einzelnen Modellen und Fabrikaten oft Differenzen von 20 und mehr Grad. Von den Unterschieden, die sich zum Backen mit Umluftherden ergeben, ganz zu schweigen. Ich rate Ihnen deshalb dringend, sich genau an die Gebrauchsanweisung Ihres Backofens zu halten und eventuelle Abweichungen zu notieren.
Ratsam ist es immer, vor Ablauf der angegebenen Zeit einen prüfenden Blick in den Ofen zu werfen. Das gilt ganz besonders für Flachgebäcke, die eine kurze Backzeit haben und je nach Hitze sehr schnell zu dunkel werden können. Speziell bei salzigem Gebäck ist das wichtig, weil es langsam bräunt, aber durch zu langes Backen leicht trocken wird.
Sollte übrigens bei den Rezepten dieses Buches nichts anderes angegeben sein, wird das Blech immer auf der mittleren Schiebeleiste eingeschoben beziehungsweise die Form so, daß das Gebäck in der Mitte steht.

Tips aus der Praxis

Viele herzhafte Gebäcke werden mit Füllungen gebacken oder nachträglich gefüllt. Hier gilt die goldene Kochregel: »Das Beste ist gerade gut genug«. Verwenden Sie also nur einwandfreie und frische Zutaten, denn gleichgültig, ob es Fleisch, Fisch, Gemüse oder anderes ist oder eine Kombination von alledem – die Qualität der Produkte ist letztlich ausschlaggebend für das gute Gelingen. Dann ist es meist unerheblich, ob Sie Ihr pikantes Backwerk warm oder kalt servieren.
Damit Sie immer gleich wissen, was gemeint ist, hier noch einige Erläuterungen, die speziell in meinen Rezepten vorkommen:
Aspikpulver: Gemahlene Gelatine, die auch mit Gewürzen vermischt angeboten wird.
Blanchieren: Geputztes und geschnittenes Gemüse – manchmal auch Fleisch – kurz in kochendes Wasser tauchen. Die Blanchierzeit wird immer vom Wiederaufkochen des Wassers an gerechnet. Das Blanchierte läßt sich leichter verarbeiten.
Blindbacken: Törtchen und Kuchenböden, die vorgebacken werden müssen, bevor die Füllung hineinkommt, werden mit Pergamentpapier ausgelegt und mit getrockneten Hülsenfrüchten gefüllt. Dadurch wird verhindert, daß der Rand der ungefüllten Teigform beim Backen abrutscht. Die Hülsenfrüchte können mehrmals dafür verwendet werden.
Farce: Füllung für Pasteten aus sehr fein gehacktem oder in der Küchenmaschine zerkleinertem Fleisch, Fisch, Gemüse, Pilzen und so weiter, pikant gewürzt und gebunden.
Fischfond: Fischbrühe aus Abschnitten (Gräten, Köpfen und ähnlichem), mit Zwiebelscheiben, Petersilie, Champignonschalen, Pfefferkörnern, Wasser und Weißwein ausgekocht und passiert.
Fleischthermometer: Ein nützliches Hilfsmittel, wenn man feststellen will, ob eine große Pastete im Inneren gar ist. Es wird zur Mitte hin eingestochen und soll 65–70 °C anzeigen.
Gelee: Zum Konservieren und längeren Frischhalten der Farce in Pasteten. Wird nach dem Bakken durch die Öffnung im Teigdeckel der Pastete eingefüllt. Meist mit Madeira oder Portwein zubereitet. Siehe Rezept Seite 51.
Jus: Reiner Fleischsaft oder Bratensaft, der beim Erkalten geliert.
Kamin: Für den Abzug des Dampfes, der sich beim Backen im Inneren größerer Pasteten bildet mit kleinem Ausstechförmchen oder Messer in die Mitte der Teigdecke ein Loch schneiden. Das Loch muß durch die Teigschicht reichen und die Füllung darunter freilegen. Aus doppelter Alufolie ein Röhrchen rollen und in die Öffnung stecken.
Reduzieren: So lange im offenen Topf einkochen, bis die Flüssigkeit die gewünschte Konsistenz hat.
Rundschleifen: Hefeteigstücke unter der leicht gewölbten Hand rollen, bis die Teigoberfläche völlig glatt ist (siehe Bild 5, Seite 8 und 9).
Teigkneifer: Aus einem Blechstreifen etwa in Form einer Pinzette gebogenes Gerät zum Verzieren von Teigoberflächen. Eine flach gehaltene Schere tut es auch. Wichtig ist, daß man den Teig nur einzwickt, aber nicht durchschneidet, damit die Füllung beim Bakken nicht herauslaufen kann.

Hefeteig-Grundrezept

Hefeteig ist mit Abstand der wichtigste Teig für die pikante Bäckerei. Ohne ihn kann man einfach nicht auskommen, denn er läßt sich nicht nur gut für kleines Gebäck wie zum Beispiel Salzstangen oder Brezeln verwenden, sondern dient auch als Unterlage für eine ganze Reihe pikanter Kuchen, Torten und Törtchen. Außerdem eignet sich Hefeteig bestens zum Füllen. In diesem luftiglockeren Teig ist eine feine Gänseleber genauso gut aufgehoben wie eine pikante Hackfleischmischung.
Hefeteig kann man nicht in Mini-Portionen herstellen, das heißt eine Mindestmenge von 250 g Mehl sollten Sie schon ansetzen, damit der Teig auch wirklich gut bearbeitet werden kann.
Hefeteig läßt sich aber ganz hervorragend im Tiefkühlgerät aufbewahren. Das gilt sowohl für fertig gebackenen Teig mit oder ohne Füllung als auch erst recht für ungebackenen Hefeteig.
Der Teig wird kurz zusammengeknetet, dann in Folie gewickelt und wie gewohnt eingefroren. Beim Auftauen darf er keiner starken Hitze ausgesetzt werden, sondern dieser Vorgang geschieht bei Zimmertemperatur. Dann kann man ihn normal verarbeiten.
Bei Hefeteig, der genügend Fett enthält, kann man übrigens auf das Einfetten von Blech oder Form verzichten.

Zutaten:
500 g Mehl
30 g frische Hefe
¼ l lauwarme Milch
50 g Butter
1 Ei · ½ Teel. Salz

Zubereitungszeit: etwa 50 Minuten (ohne Zeit für das Ausformen)

Bild 1: Das Mehl in eine Schüssel geben und in die Mitte eine Vertiefung drücken. Die Hefe hineinbröckeln und mit der lauwarmen Milch auflösen. Man kann die Hefe zwischen den Fingern zerreiben oder mit einem kleinen Löffel langsam verrühren. Dabei etwas Mehl vom Rand mit einrühren. Diesen Vorteig (er wird auch Ansatz genannt) dick mit Mehl bestreuen und, mit einem Tuch zugedeckt, an einem warmen Platz gehen lassen.
In der Zwischenzeit die Butter in einer kleinen Kasserolle zerlaufen lassen, das Ei und das Salz zugeben und gut verrühren.

Bild 2: Nach längstens 15 Minuten ist der Hefeansatz genügend gegangen, und die Oberfläche zeigt deutlich starke Risse. Die Butter-Ei-Mischung zugeben und unter den Vorteig sowie das Mehl rühren.

Bild 3: Mit einem stabilen Holzspatel (oder mit der Hand) den Hefeteig kräftig schlagen, bis er sich vom Schüsselrand löst und einen glatten und trockenen Eindruck macht. Die Schüssel wieder mit dem Tuch zudecken und den Teig gehen lassen.

Bild 4: Nach 20–25 Minuten sollte der Hefeteig etwa doppeltes Volumen angenommen haben. Jetzt ist er fertig zur weiteren Verarbeitung.

Bild 5: Will man den Hefeteig zu kleinen Stücken verarbeiten, zum Beispiel zu Stangen oder Brezeln (auf der nächsten Seite) oder auch zu Brötchen, so muß er in gleichmäßig große Teile geschnitten werden, die man am einfachsten abwiegt. Dann werden diese in der hohlen Hand rund »geschliffen«. Dafür die Arbeitsfläche möglichst nicht mit Mehl bestauben und das Teigstück darauf unter schnellen, kreisenden Bewegungen in der Hand zu einer Kugel drehen. Die Oberfläche sollte zum Schluß ohne Falten oder Risse sein.

Bild 6: Die Teigstücke können nun beliebig weiterverarbeitet werden; für gefüllte Teigstücke werden sie ausgerollt, für Brezeln rollt man lange Stränge, die dann verschlungen geformt werden. Die Enden mit etwas Wasser oder Eistreiche festkleben.

Bierstangen

Im Bild vorne

Nach guter bayerischer Art werden sie »Bierstangerln« genannt und in einer Länge von etwa 30 cm gebacken. Man kann sie natürlich halb so groß machen und statt mit Salz auch mit Mohn, Kümmel, Sesam oder einer Mischung davon bestreuen. Die Bierstangerln sollten möglichst frisch gegessen werden, denn lauwarm sind sie besonders mürbe. Sie lassen sich aber sehr gut einfrieren und werden bei Bedarf dann kurz in den vorgeheizten Ofen geschoben.

Zutaten für 20 Stück:
320 g Mehl
20 g frische Hefe
⅛ l lauwarme Milch
120 g weiche Butter
½ Teel. Salz
1 Messerspitze frisch gemahlener Pfeffer
1 Messerspitze geriebene Muskatnuß
Außerdem:
Mehl zum Ausrollen
1 Eigelb zum Bestreichen
100 g grobes Salz (Brezensalz) oder Gewürze nach Belieben

Zubereitungszeit: 1 Stunde und 30 Minuten
Backzeit: 8–12 Minuten

Das Mehl in eine Schüssel geben und in die Mitte eine Vertiefung drücken. Wie auf Seite 9 beschrieben, die Hefe mit der lauwarmen Milch auflösen und diesen Vorteig zugedeckt etwa 15 Minuten gehen lassen. Bei diesem Rezept wird die Butter aber nicht aufgelöst, sondern sie sollte nur weich sein.
Die Butter in Flocken zum Hefeansatz geben, dazu das Salz und die Gewürze. Davon einen glatten Hefeteig kneten. Durch den relativ hohen Fettanteil wird er nicht ganz so trocken, und man benötigt daher zum weiteren Verarbeiten schon etwas Mehl. Den fertigen Teig 20–25 Minuten zugedeckt gehen lassen, bis er etwa doppeltes Volumen hat. Den Teig dann in 20 gleichgroße Stücke teilen (das entspricht pro Stück etwa einem Gewicht von 30 g). Diese, wie auf der Seite zuvor beschrieben, zu Kugeln »schleifen« und dann zu dünnen Stangen von 30 cm Länge rollen. Der Teig wird vorher geschliffen, damit er ohne Falten und Risse ist, denn nur so kann man wirklich glatte Stangen daraus rollen. Die Stangen auf das Backblech legen, wieder etwas gehen lassen und dann mit verquirltem Eigelb bestreichen. Zum Schluß die Stangerln mit dem groben Salz oder mit Gewürzen bestreuen. Den Backofen auf 220–230 °C vorheizen. Die Stangerln auf der mittleren Schiebeleiste 8–12 Minuten backen. Bei diesem dünnen Gebäck unbedingt nach zwei Dritteln der Backzeit nachsehen, ob es schon braun genug ist.

Mürbe Brezeln

Im Bild hinten

Zutaten für 20 Stück:
Hefeteig nach dem nebenstehenden Rezept
Außerdem:
Mehl zum Ausrollen
1 Eigelb zum Bestreichen
grobes Salz oder Mohn

Zubereitungszeit: 1 Stunde und 40 Minuten
Backzeit: 8–12 Minuten

Den Hefeteig genauso zubereiten und gehen lassen, wie im nebenstehenden Rezept für die Bierstangen beschrieben. Dann ebenfalls in 20 Teile von je etwa 30 g teilen und zu Kugeln »schleifen«. Die Kugeln zu 30–35 cm langen Stangen rollen. Diese dann, wie auf dem Farbbild auf Seite 8 unten zu Brezeln formen. Dabei die Teigenden mit Wasser oder etwas verquirltem Eigelb bestreichen und dann fest andrücken, damit sie sich später beim Backen nicht lösen. Die Brezeln auf das Backblech legen und gehen lassen. Die Oberfläche mit verquirltem Eigelb bestreichen und mit grobem Salz oder Mohn bestreuen. Wie die Bierstangerln bei 220–230 °C im vorgeheizten Backofen hellbraun backen.

Käsehörnchen

Ein Gebäck, das man getrost in größeren Mengen backen kann, denn die Hörnchen lassen sich ganz vorzüglich einfrieren. Man kann dann bei Bedarf ohne große Mühe frische, knusprige Hörnchen auf den Tisch bringen. Noch ein Vorteil dieses Rezeptes: Der hineingerollte Tiefkühl-Blätterteig macht auf ganz einfache Art aus Hefeteighörnchen einen »blättrigen, luftigen Genuß«.

Zutaten für 16 Stück:
350 g Mehl
20 g frische Hefe
⅛ l lauwarme Milch
1 Ei · ½ Teel. Salz
300 g tiefgefrorener Blätterteig
Außerdem:
Mehl zum Ausrollen
1 Eigelb und 1 Eßl. Milch oder Wasser zum Bestreichen
Für die Füllung:
200 g Käse (Gouda oder Edamer)
100 g durchwachsener Räucherspeck

Zubereitungszeit: etwa 1 Stunde und 30 Minuten
Backzeit: 18–20 Minuten

Das Mehl in eine entsprechend große Schüssel geben, in die Mitte eine Vertiefung drücken und die Hefe hineinbröckeln. Die Hefe mit der lauwarmen Milch auflösen und diesen Vorteig mit etwas Mehl bestauben. Mit einem Tuch zugedeckt, an einem möglichst zugfreien, warmen Platz etwa 15 Minuten gehen lassen. Sobald die Mehloberfläche des Vorteigs deutlich starke Risse zeigt, das Ei und das Salz hinzugeben und alles mit einem kräftigen Kochlöffel zu einem geschmeidigen Hefeteig schlagen. Er sollte gut durchgearbeitet werden und sich trocken anfühlen. Den Teig zugedeckt 20–25 Minuten gehen lassen.
Den Blätterteig nach Vorschrift auf der Packung auftauen lassen.
Auf einer bemehlten Arbeitsplatte den Hefeteig etwa 20 × 40 cm groß und gleichmäßig dick ausrollen. Die Hälfte dieser Teigplatte mit den aufgetauten Blätterteigplatten belegen (sie sollten nicht ganz bis zum Rand reichen) und die zweite Hefeteighälfte darüberschlagen. Das Eigelb mit der Milch oder dem Wasser verquirlen, den Hefeteigrand damit bestreichen und zusammenkneifen.
Diese mit dem Blätterteig gefüllte Teigplatte nochmals zur Größe von etwa 20 × 40 cm ausrollen und von beiden Schmalseiten her so zusammenklappen, daß drei Schichten übereinander zu liegen kommen. Diesen Teig 10–15 Minuten ruhen lassen. Dann nochmals zur Größe von 20 × 40 cm ausrollen und wie vorher dreifach zusammenklappen. Der Teig muß nochmals 15 Minuten ruhen.
Nun den Teig gleichmäßig dick zu einer Platte von etwa 80 × 25 cm Größe ausrollen. Aus diesem Streifen werden Dreiecke geschnitten, wie es bei dem Rezept auf Seite 15 für die »Hörnchen mit Bratwurstfüllung« beschrieben ist. Den Käse entrinden und in kleine Würfel schneiden, desgleichen den durchwachsenen Räucherspeck. Die Käse- und Speckwürfel miteinander mischen und auf den breiten Seiten der Dreiecke verteilen. Den Rand der Dreiecke mit Eigelb bestreichen und sie, wie auf der nächsten Seite beschrieben, zu Hörnchen aufrollen.
Die Hörnchen mit genügendem Abstand auf ein Backblech legen und die Oberfläche mit Eigelb bestreichen. Dabei darauf achten, daß die Schnittkanten keinesfalls mit Eigelb zugestrichen werden, weil sonst der Teig zusammenkleben würde und an diesen Stellen beim Backen nicht aufgehen könnte. Die Hörnchen an einem warmen Platz nochmals gehen lassen (sie sollen deutlich an Volumen zunehmen) und dann auf die mittlere Schiebeleiste in den vorgeheizten Backofen schieben. Bei 220 °C in 18–20 Minuten schön knusprig braun backen.

Variante: Schinkenhörnchen

Die Zutaten und die Zubereitung des Teiges sind identisch mit dem Rezept für die Käsehörnchen. Für die Füllung werden aber 250 g roher Schinken in sehr feine Würfel geschnitten, dazu gibt man 1 Eßlöffel feingehackte Zwiebel, 1 Eßlöffel gehackte Petersilie, 1 Ei und 1 Eßlöffel Semmelbrösel.

Hörnchen mit Bratwurstfüllung

Wie der luftige Hefeteig, den Sie für diese Hörnchen brauchen, zubereitet wird, wurde auf Seite 12 beschrieben. Hier sehen Sie nun, wie die Hörnchen geformt werden. Aus dem Teig lassen sich natürlich auch andere Formen herstellen. Man kann ihn zu Quadraten oder Rechtecken ausschneiden oder beliebig ausstechen.

Zutaten für 16 Stück:
350 g Mehl
20 g frische Hefe
⅛ l lauwarme Milch
1 Ei · ½ Teel. Salz
300 g tiefgefrorener Blätterteig
Außerdem:
Mehl zum Ausrollen
1 Eigelb zum Bestreichen
eventuell grobes Salz, Kümmel oder Mohn
Für die Füllung:
450 g rohe Schweinsbratwürste

Zubereitungszeit: etwa 1 Stunde und 30 Minuten
Backzeit: 18–20 Minuten

Bild 1: Den Hefeteig auf der bemehlten Arbeitsfläche zu einem Rechteck von etwa 20 × 40 cm gleichmäßig dick ausrollen. Den aufgetauten Blätterteig halb so groß ausrollen und auf die Hefeteigplatte legen. Dabei muß man sehr darauf achten, daß der Blätterteig etwas kleiner als der Hefeteig ist, damit die Teigränder mit Eigelb bestrichen werden können und beim weiteren Ausrollen die »Blätterteigfüllung« nicht austreten kann. Den Hefeteig nun von zwei Seiten über den Blätterteig legen.

Bild 2: Den »gefüllten« Teig wieder zu einer Größe von etwa 20 × 40 cm ausrollen und dreifach übereinanderlegen, so daß eine Teigplatte von etwa 20 × 14 cm entsteht. Der Teig muß nun 15 Minuten im Kühlschrank ruhen, bevor er wieder ausgerollt wird. Dieser Vorgang wird dreimal wiederholt. Dazwischen unbedingt die Ruhepausen einhalten, weil sich sonst der Teig zusammenziehen und später ungleichmäßig aufgehen würde.

Bild 3: Den Teig zu einer Platte von 80 × 25 cm ausrollen. Man sollte ihm nun mindestens 5–10 Minuten Zeit lassen, damit er sich entspannen kann und sich beim Schneiden nicht zusammenzieht. Aus der Teigplatte 16 Dreiecke, wie auf dem Bild ersichtlich, mittels einer Holzleiste oder eines Lineals schneiden. An den Breitseiten jeweils 2–3 cm einschneiden.

Bild 4: Das Bratwurstbrät aus der Haut drücken. Auf jedes Teigstück 1 Eßlöffel Füllung geben. Die Teigränder mit Eigelb bestreichen, dabei sehr sorgfältig darauf achten, daß kein Eigelb über den Teigrand hinausläuft, weil dieser sonst zusammenklebt und beim Backen nur ungleichmäßig aufgeht.

Bild 5: Die einzelnen Dreiecke von der Breitseite her zusammenfalten, dabei den Einschnitt über die Füllung legen und etwas auseinanderziehen. Die Hörnchen so aufrollen, daß das spitze Ende des Dreiecks auf die Unterseite kommt.
Die Hörnchen mit genügend Zwischenraum auf das Backblech legen und die Oberfläche mit Eigelb bestreichen. Wiederum sehr sorgfältig darauf achten, daß kein Eigelb über die Ränder läuft.

Bild 6: Die Hörnchen an einem warmen Platz gehen lassen (sie sollen deutlich an Volumen zunehmen); dann im vorgeheizten Backofen bei 220 °C auf der mittleren Schiebeleiste in 18–20 Minuten schön knusprig braun backen.
Man kann die Hörnchen nach dem Bestreichen mit Eigelb auch noch mit grobem Salz, mit Kümmel oder Mohn bestreuen.

Käse-Mürbgebäck

Zu Wein oder Bier schmeckt dieses Mürbgebäck ganz hervorragend, vor allem, wenn es frisch gebacken ist – es darf sogar noch ein bißchen warm sein. Da es sich zum Einfrieren bestens eignet, können Sie problemlos immer frisches Käsegebäck anbieten. Es verliert aber auch kaum an Geschmack, wenn man es einige Tage in einer Dose aufbewahrt.

Zutaten für 70–80 Stück:
200 g Käse (Emmentaler oder Gouda)
150 g Butter · ½ Teel. Salz
1 Teel. edelsüßes Paprikapulver
1 Messerspitze Pfeffer
½ Tasse Sahne oder Dosenmilch
1 Eigelb
½ Teel. Backpulver
280 g Mehl
Außerdem:
Mehl zum Ausrollen
2 Eigelbe und 1 Eßl. Milch oder Wasser zum Bestreichen
grobes Salz, Kümmel, Mohn, Sesamsamen

Zubereitungszeit: 60–80 Minuten
Ruhezeit: mindestens 2 Stunden
Backzeit: etwa 12 Minuten

Den Käse möglichst fein reiben, damit er sich später im Teig gut verteilen kann. Mit der Butter und den Gewürzen in einer entsprechend großen Schüssel mit dem Kochlöffel gut verrühren. Dazu nicht den Schneebesen verwenden, denn die Masse soll nicht schaumig gerührt werden. Dann die Sahne und das Eigelb unterrühren und zum Schluß das mit dem Backpulver vermischte Mehl darunterkneten. Den Mürbteig in Pergamentpapier oder Alufolie wickeln und im Kühlschrank mindestens 2 Stunden ruhen lassen. Weil es leichter geht, zunächst die Hälfte des Teiges auf der bemehlten Arbeitsplatte 5–6 mm dick ausrollen; den restlichen Teig wieder kühl stellen. Mit beliebigen Formen ausstechen und auf das Backblech legen. Die zweite Teighälfte herausnehmen, Teigreste vom Ausstechen kurz darunterarbeiten, dann den Teig ebenfalls ausrollen und ausstechen, bis alles aufgebraucht ist.
Die Eigelbe mit der Milch oder dem Wasser verquirlen, mit einem Pinsel auf die Oberfläche der Plätzchen streichen und diese nach Wunsch mit Salz, Kümmel, Mohn oder Sesamsamen bestreuen. Das Gebäck schmeckt aber auch sehr gut, wenn man gehackte Mandeln, Nüsse oder Pistazien verwendet, jedoch sollte man diese mit etwas Salz mischen. Die Plätzchen auf ein Backblech legen und im vorgeheizten Backofen auf der mittleren Schiebeleiste bei 210–220 °C in etwa 12 Minuten schön hellbraun backen. Bei solch kleinem, dünnem Gebäck sollte man unbedingt nach etwa ⅔ der Backzeit nachschauen, damit es nicht etwa zu dunkel wird.

Sardellenhäppchen

Ohne Abbildung

Zutaten für etwa 30 Stück:
300 g Mehl
170 g Butter
½ Teel. Salz
1 Ei
eventuell 2–3 Eßl. Wasser
15 Sardellenfilets
Außerdem:
Mehl zum Ausrollen
1 Eigelb zum Bestreichen

Zubereitungszeit: etwa 1 Stunde
Ruhezeit: 1–2 Stunden
Backzeit: 10–15 Minuten

Aus dem Mehl, der Butter (in Flöckchen), dem Salz und dem Ei rasch einen Mürbteig kneten. Wenn nötig 2–3 Eßlöffel Wasser zufügen. Der Teig soll fest, aber gut knetbar sein. In Alufolie verpackt 1–2 Stunden im Kühlschrank ruhen lassen. Dann den Mürbteig 3–4 mm dick ausrollen und davon runde Plätzchen von 5 cm Durchmesser ausstechen. Diese etwas länglich ausrollen und auf jedes Oval ½ eingerolltes Sardellenfilet legen. Den Rand mit Eigelb bestreichen und jedes Teigoval zu einem Täschchen zusammenklappen. Die Ränder fest andrücken. Die Häppchen auf ein Backblech legen und im vorgeheizten Backofen auf der mittleren Schiebeleiste bei 210°–220 °C in 10–15 Minuten hellbraun backen.

Scharfe Bierhappen

Diese Blätterteigtäschchen passen besonders gut zu Bier, aber natürlich auch zu Wein. Am besten schmecken sie noch warm. Sie lassen sich gut einfrieren und dann kurz vor dem Servieren aufbacken.
Profis verwenden für dieses Gebäck sogenannten »Abfall-Blätterteig«. Das ist kein minderwertiger Teig, sondern es sind die Reste vom Ausstechen größerer Teigstücke. Sie werden wieder zusammengeknetet, dann ausgerollt und weiterverarbeitet. Der Blätterteig (den man sonst nicht kneten darf), geht dann nicht so stark auf, bleibt etwas kompakter, aber trotzdem luftig und leicht. Da Sie normalerweise keinen solchen Abfallteig haben werden, sollten Sie den aufgetauten Tiefkühl-Blätterteig wie beschrieben vorbereiten.

Zutaten für 20–25 Stück:
600 g tiefgefrorener Blätterteig
Für die Füllung:
250 g mageres Schweinefleisch
250 g Lammfleisch aus der Schulter
100 g Zwiebeln
1 Knoblauchzehe
50 g Knollensellerie, geputzt
50 g Möhre
60 g durchwachsener Räucherspeck
2 Eßl. Tomatenmark
4 cl trockener Sherry
¼ l feine Fleischbrühe
2 kleine Peperoni
½ Teel. Salz
1 Eßl. edelsüßes Paprikapulver
1 Ei
Außerdem:
Mehl zum Ausrollen
1 Eigelb und etwas Wasser oder Milch zum Bestreichen
Mohn, Sesamsamen und Kümmel

Zubereitungszeit: etwa 2 Stunden
Backzeit: etwa 15 Minuten

Den Blätterteig auftauen lassen; dann in grobe Stücke schneiden und diese wieder zusammenkneten. Den Teig, mit Folie zugedeckt, 15–20 Minuten im Kühlschrank ruhen lassen, damit er sich beim Weiterverarbeiten nicht zusammenzieht.
Inzwischen das Fleisch von allen Häuten und Sehnen befreien (es sollten mindestens 400 g schieres Fleisch übrigbleiben) und durch die grobe Scheibe des Fleischwolfs drehen. Die Zwiebeln schälen und feinhacken, den Knoblauch schälen und zerdrücken. Den Sellerie und die Möhre kleinwürfeln. Den Speck ganz fein würfeln und in einer Pfanne erhitzen. Die Zwiebeln, den Knoblauch, die Sellerie- und die Möhrenwürfel 4–5 Minuten darin anbraten. Das Tomatenmark und den Sherry zufügen und bei starker Hitze etwa 2 Minuten weiterdünsten. Mit der Brühe auffüllen. Die Peperoni feinhacken, dann mit dem Salz und dem Paprikapulver in die Pfanne geben. Die Mischung bei mäßiger Hitze zu einem dicklichen Brei reduzieren (einkochen lassen). In einer Schüssel etwas abkühlen lassen. Dann das Fleisch und das Ei darunterarbeiten. Falls nötig, pikant-scharf nachwürzen.
Auf der bemehlten Arbeitsfläche den Blätterteig nach allen Seiten hin 2–3 mm dick ausrollen. Runde Platten von 6 cm Durchmesser ausstechen und diese etwas länglich ausrollen. Teigreste erneut zusammenkneten, ausrollen und ausstechen. Das Eigelb mit etwas Wasser oder Milch verrühren und die Teigränder damit bestreichen. Das Eigelb darf keinesfalls über die Schnittkanten laufen, weil sonst an dieser Stelle der Teig nicht richtig aufgehen kann. Auf jede Platte in die Mitte 1 Teelöffel Füllung setzen. Die Platten vorsichtig zusammenklappen und die Ränder kräftig zusammendrücken. Die Täschchen auf ein mit Wasser benetztes Backblech setzen, auf der Oberfläche mit Eigelb bestreichen, mit Mohn, Sesam oder Kümmel bestreuen und an kühlem Platz etwa 20 Minuten ruhen lassen. Im auf 220° bis 230 °C vorgeheizten Backofen auf der mittleren Schiebeleiste in etwa 15 Minuten hellbraun und knusprig backen.

Gefüllte Windbeutel

Im Bild hinten

Gefüllte Windbeutel sollten frisch zubereitet serviert werden, dann schmecken sie köstlich. Man kann die kleinen Windbeutel aber ungefüllt einige Tage aufbewahren (oder auch einfrieren) und dann aufbacken.

Zutaten für 40–45 Stück:
¼ l Wasser · 120 g Butter
¼ Teel. Salz · 180 g Mehl
4 Eier
Außerdem:
Butter für das Backblech
Für die Füllung:
500 g Frischkäse
½ Teel. Selleriesalz
1 Messerspitze Cayennepfeffer oder Rosenpaprikapulver
etwa ⅛ l steife Schlagsahne
Zum Garnieren eventuell:
Cornichons, Oliven, Möhren, Gewürzgürkchen

Zubereitungszeit: etwa 45 Minuten
Backzeit: 20–25 Minuten

Für den Brandteig das Wasser mit der Butter und dem Salz in einer entsprechend großen Kasserolle zum Kochen bringen. Mit einem Holzspatel das Mehl in die kochende Flüssigkeit rühren und dann sofort kräftig auf dem Herd weiterrühren, bis sich die Masse zu einem Kloß formt und völlig vom Topfrand löst. Den Teig in eine Schüssel umfüllen und etwas abkühlen lassen. Dann nach und nach die Eier unterrühren, bis ein spritzfähiger, weicher Teig entstanden ist. Ein Backblech ganz dünn mit Butter bestreichen. Den Teig in einen Spritzbeutel mit mittelgroßer Sterntülle (8–9) füllen und auf das Backblech mit genügend Abstand (die Windbeutel sollen beachtlich aufgehen) kleine Rosetten spritzen. In den auf 220 °C vorgeheizten Backofen auf die mittlere Schiene schieben und auf den Boden des Ofens 1 Tasse Wasser stellen. Die Ofentür schließen und dann keinesfalls wieder öffnen, denn das Wasser soll sich zu Dampf entwickeln und dem Teig den nötigen Auftrieb geben. Die Windbeutel 20–25 Minuten backen. Erst 5 Minuten vor Ende der Backzeit nachsehen, ob die Windbeutel vielleicht schon gar sind. Vom Blech nehmen, abkühlen lassen und dann mit einem Sägemesser quer halbieren.

Für die Füllung den Frischkäse mit dem Selleriesalz und dem Cayennepfeffer oder auch mit Paprikapulver würzen und die Schlagsahne unterrühren; Menge je nach Festigkeit des Käses. Die Käsecreme in einen Spritzbeutel mit kleiner Stern- oder Lochtülle füllen, auf die untere Hälfte der Windbeutel spritzen und die Deckel daraufsetzen. Jedes Stück mit einem Käsecremetupfen garnieren und ganz nach Wunsch mit pikanten Kleinigkeiten dekorieren.

Blätterteig-Käse-Häppchen

Im Bild vorne

Zutaten für etwa 30 Stück:
300 g tiefgefrorener Blätterteig
Außerdem:
Mehl zum Ausrollen
1 Eigelb zum Bestreichen
Kümmel, Mohn oder Sesamsamen
Für die Füllung:
Frischkäsecreme nach dem nebenstehenden Rezept

Zubereitungszeit: 35–40 Minuten
Backzeit: 8–10 Minuten

Den Blätterteig auftauen lassen; dann auf einer bemehlten Arbeitsfläche sorgfältig und gleichmäßig etwa 2 mm dick ausrollen. Mit verschiedenen Förmchen (sie sollten alle etwa 5 cm Durchmesser haben) ausstechen. Die Stückchen auf ein mit Wasser benetztes Backblech legen und etwa 15 Minuten ruhen lassen. Die Oberfläche mit verquirltem Eigelb bestreichen und mit Kümmel, Mohn oder Sesam bestreuen. In den auf 220 °C vorgeheizten Backofen schieben und wie bei den Windbeuteln 1 Tasse Wasser hineinstellen. Auf der mittleren Schiebeleiste 8–10 Minuten backen.

Je 2 Blätterteighäppchen wie die Windbeutel mit Käsecreme füllen und frisch servieren.

Zwiebelschnecken

Im Bild vorne

Zutaten für 24 Stück:
500 g Mehl · 30 g frische Hefe
¼ l lauwarme Milch
50 g Butter
1 Teel. Salz · 1 Ei
Für die Füllung:
250 g durchwachsener Räucherspeck
2 Zwiebeln · 1 Knoblauchzehe
2 Eßl. gehackte Petersilie und Schnittlauch
Außerdem:
Mehl zum Ausrollen
30 g Butter für die Form
1 Eigelb zum Bestreichen

Zubereitungszeit: etwa 1 Stunde
Backzeit: 25–30 Minuten

Aus den Zutaten, wie auf Seite 9 beschrieben, einen Hefeteig zubereiten und gehen lassen.
Den Speck in kleine Würfel schneiden. Die Zwiebeln und die Knoblauchzehe schälen und feinhacken. Die Speckwürfel in einer großen Pfanne auslassen. Die Zwiebeln und den Knoblauch zugeben und darin 4–5 Minuten glasig braten. Die Kräuter einmischen und alles erkalten lassen.
Den gegangenen Hefeteig auf der bemehlten Arbeitsfläche zu einer Platte von 50 × 40 cm ausrollen, einige Minuten ruhen lassen, dann einmal längs durchschneiden, so daß 2 Platten von 50 × 20 cm entstehen. Die Speckmischung darauf verteilen und jede von der Längsseite her aufrollen. Von den 50 cm langen Rollen etwa 4 cm dicke Scheiben abschneiden. Diese mit der Schnittfläche nach oben in die mit Butter ausgestrichene Form stellen. Die Schnecken 15–20 Minuten gehen lassen (sie sollen stark an Volumen zunehmen). Dann mit dem verquirlten Eigelb bestreichen. Im auf 220 °C vorgeheizten Backofen auf der mittleren Schiebeleiste 25–30 Minuten backen.

Gefüllte Buchteln

Im Bild hinten

Zutaten für etwa 25 Stück:
Hefeteig nach dem nebenstehenden Rezept
Außerdem:
etwas geriebene Muskatnuß
Mehl zum Ausrollen
1 Eigelb und etwas Wasser oder Milch zum Bestreichen
100 g Butter für die Form
Für die Füllung:
150 g Champignons
50 g durchwachsener Räucherspeck
2 Zwiebeln · 1 Knoblauchzehe
50 g Knollensellerie, geputzt
50 g Möhre
250 g mageres Schweinehackfleisch
¼ Teel. Salz
etwas frisch gemahlener Pfeffer
⅛ l Fleischbrühe · 1 Ei

Zubereitungszeit: 1 Stunde und 30 Minuten
Backzeit: etwa 30 Minuten

Der Teig ist identisch mit dem Hefeteig für die Zwiebelschnecken, nur wird die Butter-Ei-Mischung mit etwas Muskat gewürzt.
Die Pilze putzen und ebenso wie den Speck feinwürfeln. Die Zwiebeln schälen und feinhacken. Den Knoblauch schälen und zerdrükken. Den Sellerie und die Möhre ebenfalls sehr fein hacken. Die Speckwürfel in einer Pfanne anrösten. Die Zwiebeln, den Knoblauch und das Gemüse zufügen, 3–4 Minuten bei guter Hitze unter ständigem Rühren andünsten. Dann das Hackfleisch und die Pilze 5–6 Minuten unter Rühren mitbraten. Salzen, pfeffern und die Brühe angießen. Weitergaren, bis die Flüssigkeit fast verdampft ist. Dann abkühlen lassen und das Ei darunterrühren.
Den gegangenen Hefeteig in Stücke von etwa 30 g teilen, diese zu Kugeln schleifen (siehe Seite 9), dann zu runden Platten von 7–8 cm Durchmesser ausrollen. Die Füllung darauf verteilen. Die Teigränder mit verrührtem Ei bestreichen, so zusammenkneifen, daß die Füllung fest verschlossen ist, und vorsichtig rund rollen. Die Butter in der Form zerlassen. Die Buchteln darin drehen, dann aneinandersetzen und 20–25 Minuten gehen lassen. Die Oberfläche mit Eigelb bestreichen. Wie die Zwiebelschnecken backen.

Pikant gefüllte Vollkornbrötchen

Die Brötchen schmecken sehr herzhaft und können auch ungefüllt gebacken werden. Man kann sie dann beliebig belegen. Als Knabbergebäck zu Wein und Bier lassen sie sich auch als Miniaturbrötchen zubereiten. Dafür sollte man den Teig in Stücken von etwa 100 g abwiegen (weil es so leichter geht), diese zu kleinen Rollen formen und jeweils in 4 Teile schneiden.

Zutaten für 14 Stück:

300 g Weizenvollkornmehl
200 g Roggenvollkornmehl
1 Würfel frische Hefe (42 g)
¼ l lauwarmes Wasser
2 Teel. Meersalz
1 Eßl. gehackte Petersilie

Für die Füllung:

100 g gekochter Schinken
50 g Käse (Emmentaler oder Greyerzer)
1 Eßl. gehackte Zwiebel
1 Eßl. gehackte Petersilie

Außerdem:

Mehl zum Ausrollen
1 Eigelb zum Bestreichen
Kümmel, Sesamsamen, grobes Salz

Zubereitungszeit: 1 Stunde und 30 Minuten
Ruhezeit: mindestens 1 Stunde
Backzeit: 25 Minuten

Das Mehl in eine Schüssel sieben, mischen, in die Mitte eine Vertiefung drücken und die Hefe hineinbröckeln. Mit dem lauwarmen Wasser und etwas Mehl verrühren. Das Salz auf dem Mehlrand verteilen. Den Vorteig mit Mehl bestauben und, mit einem Tuch zugedeckt, bei Zimmertemperatur 15 Minuten gehen lassen. Dann den Vorteig mit Mehl und Salz zu einem glatten Teig schlagen. Zugedeckt bei Zimmertemperatur mindestens 1 Stunde gehen lassen.
Für die Füllung den Schinken und den Käse kleinwürfeln und mit der gehackten Zwiebel sowie 1 Eßlöffel Petersilie mischen.
Von dem Teig die Hälfte abteilen und 1 Eßlöffel Petersilie darunterkneten. Jede Teighälfte zu einer Rolle formen und jede Rolle in 7 gleichgroße Stücke schneiden. Die Teigstücke mit bemehlten Händen »rundschleifen« (in der hohlen Hand rollen). Die Kugeln etwas ausrollen, die Füllung in die Mitte setzen und den Rand über der Füllung zusammendrücken, so daß diese vollständig eingehüllt ist. Die gefüllten Teigstücke nochmals auf der Arbeitsfläche ganz rund und glatt »schleifen«, dann nach Belieben auch zu Stangen rollen. Auf ein bemehltes Backblech setzen und zugedeckt etwa 20 Minuten gehen lassen.
Die Brötchen oder Stangen mit verquirltem Eigelb bestreichen und mit Sesam, Kümmel oder grobem Salz bestreuen. Im vorgeheizten Backofen bei 220 °C auf der mittleren Schiebeleiste in etwa 25 Minuten goldbraun backen. Am besten schmecken sie noch warm.

Dinkelbrötchen

Ohne Abbildung

Zutaten für 12 Stück:

500 g Dinkelmehl
1 Würfel frische Hefe (42 g)
¼ l lauwarme Milch
1 Teel. Salz

Außerdem:

Mehl zum Ausrollen
1 Eigelb zum Bestreichen
Kümmel oder Sesamsamen

Zubereitungszeit: 1 Stunde und 10 Minuten
Ruhezeit: mindestens 1 Stunde
Backzeit: etwa 20 Minuten

Aus dem Dinkelmehl, der Hefe, der lauwarmen Milch und dem Salz einen Hefeteig zubereiten, wie im nebenstehenden Rezept beschrieben. Zugedeckt mindestens 1 Stunde gehen lassen. Zur Rolle formen, in 12 gleichgroße Stücke schneiden und auf der bemehlten Arbeitsfläche unter der hohlen Hand »rundschleifen«. Die Brötchen auf ein bemehltes Backblech setzen und zugedeckt bei Zimmertemperatur etwa 20 Minuten gehen lassen. Mit verquirltem Eigelb bestreichen und nach Belieben mit Kümmel oder Sesam bestreuen. Im vorgeheizten Backofen bei 200 °C in etwa 20 Minuten goldbraun backen.

Gefüllte Brioches

Für dieses Rezept brauchen Sie kleine Briocheförmchen von 7 cm Durchmesser und genügend Zeit.

Zutaten für etwa 26 Stück:
500 g Mehl
25 g frische Hefe
½ Tasse lauwarmes Wasser
5 Eier
1 Teel. Salz
300 g Butter
Außerdem:
Mehl zum Ausrollen
1 Eigelb zum Bestreichen
Für die Füllung:
400 g feine Kalbsleberwurst
½ Tasse Sahne
4 cl Portwein oder Madeira

Zubereitungszeit: 2 Stunden (ohne Ruhezeiten)
Backzeit: etwa 12 Minuten

Das Mehl in die Rührschüssel der Küchenmaschine sieben und in die Mitte eine Mulde drücken. Die Hefe hineinbröckeln und mit dem Wasser und etwas Mehl verrühren. Mit Mehl bestauben und mit einem Tuch zugedeckt 15 Minuten an zugfreiem, warmem Platz gehen lassen. Wenn der Vorteig bis zu doppeltem Volumen aufgegangen ist und die Mehlschicht deutliche Risse zeigt, die Eier und das Salz zugeben und auf Stufe 2 kneten, bis der Teig Blasen wirft und sich vom Schüsselrand löst.

Bild 1: Die weiche Butter in großen Stücken dazugeben. Zuerst langsam, dann etwas schneller unter den Teig kneten, bis er ganz locker ist und seidig glänzt. Zugedeckt im Kühlschrank 2 Stunden gehen lassen, denn eine langsame Gare sorgt für ein gutes Resultat. Den Teig herausnehmen, kurz durchkneten, zu einer Kugel formen und nochmals zugedeckt im Kühlschrank gehen lassen, am besten über Nacht.

Bild 2: Den gut gegangenen Teig nochmals durchkneten und Teigstücke zu je 40 g abwiegen. Auf der bemehlten Arbeitsfläche unter der hohlen, bemehlten Hand mit kreisenden Bewegungen »rundschleifen«.

Bild 3: Die Teigkugeln in je 2 ungleich große Stücke teilen. Dazu mit der Handkante dünner rollen und ⅓ der Teigkugel abtrennen. Den großen Teil in die Förmchen setzen, in der Mitte mit dem Finger etwas eindrücken und die kleinere Kugel als Köpfchen daraufsetzen.

Bild 4: Vor dem Bestreichen die Brioches mit dem Finger zwischen Köpfchen und Rand rundum eindrücken, damit das Köpfchen tiefer sinkt. Etwa 90 Minuten bei Zimmertemperatur gehen lassen. Die Brioches sollen mindestens das doppelte Volumen angenommen haben, rund und schön glatt sein. Die Brioches dann mit verquirltem Eigelb bestreichen und im vorgeheizten Backofen auf der mittleren Schiebeleiste bei 230 °C in etwa 12 Minuten goldbraun backen. Etwas abkühlen lassen, aus den Förmchen nehmen und vollständig auskühlen lassen.
Für die Füllung die Kalbsleberwurst in eine Schüssel geben, die Sahne und den Portwein oder Madeira dazugießen und alles mit dem Schneebesen schaumig rühren.

Bild 5: Von den gut ausgekühlten Brioches die Köpfchen abschneiden oder -reißen und den unteren Teil mit einem scharfen Messer etwas kegelförmig aushöhlen. Die Leberwurstfüllung in einen Spritzbeutel mit großer Sterntülle füllen und Rosetten auf die Brioches spritzen.

Bild 6: Die Köpfchen auf die Füllung setzen und die Brioches möglichst bald servieren. Denn frisch gebacken und gleich nach dem Füllen verzehrt, schmecken sie am besten.

Speckkuchen

Einfache Kuchen, mit Speck belegt und gebacken, sind in Abwandlungen in vielen Ländern zu Hause. Sie schmecken alle fein, solange sie ganz frisch auf den Tisch kommen. In Böhmen wurden solche Kuchen früher am allwöchentlichen »Backtag« hergestellt. Man nahm dafür einfach den Schwarzbrotteig, den man ausrollte, mehr oder minder großzügig mit Speck belegte und dann eben mit Salz und vor allem mit Kümmel, der in Böhmen besonders beliebt ist, bestreute. Wer sparen mußte, hat den Teig einfach mit einer Speckschwarte eingerieben, gehackte Zwiebel lokker darübergestreut und dann ebenfalls Salz und Kümmel. Frisch aus dem Ofen hat sicher auch dieses Sparrezept sehr gut geschmeckt.
Das nachfolgende Rezept ist schwäbischen Ursprungs und reichlich bemessen. Aber von einem solchen Kuchen, vielleicht warm zum neuen Wein serviert, kann man eine Menge essen.

Zutaten für 2 Backbleche oder 3 runde Formen mit 30–35 cm Durchmesser:
500 g Mehl
30 g frische Hefe
¼ l lauwarme Milch
50 g Butter
½ Teel. Salz
Außerdem:
Mehl zum Ausrollen
Für den Belag:
500 g durchwachsener Räucherspeck
2 Eßl. grobes Salz
2 Eßl. Kümmel

Zubereitungszeit: etwa 1 Stunde
Backzeit: 15–20 Minuten

Das Mehl in eine Schüssel geben, in die Mitte eine Vertiefung drükken und die Hefe hineinbröckeln. Mit der lauwarmen Milch auflösen. Den Vorteig mit etwas Mehl bestreuen und mit einem Tuch zugedeckt an einem warmen Platz gehen lassen. Wenn die Mehloberfläche deutlich Risse zeigt, etwa nach 10–15 Minuten, die zerlassene, lauwarme Butter und das Salz zugeben. Mit einem stabilen Holzspatel alles zu einem lockeren, aber trockenen Hefeteig schlagen. Diesen zugedeckt wieder 15–20 Minuten gehen lassen. Er sollte sein Volumen mindestens verdoppeln.
Den Speck in sehr dünne Scheiben schneiden. Den Hefeteig in entsprechenden Portionen auf einer bemehlten Arbeitsfläche möglichst gleichmäßig dünn ausrollen. Damit die Backbleche oder Formen belegen und die Oberfläche mit einer Gabel mehrmals einstechen, damit der Teig beim Backen keine Blasen wirft. Dann mit den Speckscheiben belegen, mit Salz und Kümmel bestreuen. Die Kuchen, wenn nötig, nochmals 10–15 Minuten gehen lassen. Den Speckkuchen auf der mittleren Schiebeleiste in den vorgeheizten Backofen schieben und bei 220 °C 15–20 Minuten bakken. Nach etwa 10 Minuten sollte man bei der hohen Temperatur prüfen, wie weit er gebacken ist und ihn notfalls eher herausnehmen.

Variante: Tomatenwähe

Wer Knoblauch mag, dem sei dieser schnelle, herzhafte Kuchen empfohlen. Er schmeckt ganz frisch aus dem Ofen hervorragend. Der Teig ist der gleiche wie beim nebenstehenden Rezept.
Für den Belag 200 g durchwachsenen Räucherspeck kleinwürfeln. 400 g Tomaten ebenfalls in Würfel schneiden (mit Kernen und Haut) und dabei die Stielansätze entfernen. 3 Knoblauchzehen schälen und ganz fein hakken. 12 schwarze Oliven ebenfalls hacken und mit den übrigen Zutaten, ⅛ l Olivenöl, 1 Teelöffel Salz und, wenn vorhanden, 2 frischen, ganz fein gehackten Chilischoten mischen.
Den Hefeteig, wie im vorangegangenen Rezept beschrieben, ganz dünn ausrollen und in die Formen oder auf Backbleche legen. Die flüssige Tomatenmischung darauf verteilen. Backen, wie im Rezept Speckkuchen beschrieben.

Zwiebelkuchen vom Blech

Ob vom Backblech oder in runder Form gebacken, Zwiebelkuchen ist in vielen Landesküchen zu Hause. Vor allem bäckt man ihn dort, wo Wein wächst, denn dieser pikante Kuchen verträgt sich ganz einmalig gut mit jungem Wein, zumal, wenn er noch etwas warm serviert wird.

Zutaten für 1 Backblech:
250 g Mehl · 20 g frische Hefe
⅛ l lauwarme Milch
30 g Butter · 1 Ei
¼ Teel. Salz
Für den Belag:
200 g roher Schinken
800 g Zwiebeln
½ rote Paprikaschote
½ grüne Paprikaschote
3 Eier · ⅛ l Sahne
3 Eßl. Crème fraîche · Salz
frisch gemahlener Pfeffer
1 Eßl. Kümmel
1 Eßl. gehackte Petersilie
Außerdem:
Mehl zum Ausrollen
Fett für das Backblech

Zubereitungszeit: 2 Stunden
Backzeit: 20–30 Minuten

Das Mehl in eine Schüssel geben, in die Mitte eine Vertiefung drükken und die Hefe hineinbröckeln. Mit der lauwarmen Milch auflösen, mit etwas Mehl bestreuen und, mit einem Tuch zugedeckt, an warmem Platz etwa 15 Minuten gehen lassen, bis die Mehloberfläche deutliche Risse zeigt. Die Butter zerlassen, mit dem Ei und dem Salz mischen und zum Vorteig geben. Alles zu einem lokkeren Hefeteig schlagen. Zugedeckt wieder 15–20 Minuten gehen lassen; er soll sein Volumen mindestens verdoppeln.
Inzwischen den Schinken in Würfel schneiden und in einer großen Pfanne auslassen. Die Zwiebeln schälen und in Scheiben schneiden, zum Schinken geben und unter Rühren glasig braten. Die Paprikahälften von Kernen und weißen Rippen befreien, waschen, trockentupfen und in Würfel schneiden. Zu den Zwiebeln geben und mitbraten. Dann von der Kochstelle nehmen und abkühlen lassen. Die Eier mit der Sahne und der Crème fraîche verrühren und zum abgekühlten Gemüse geben. Mit Salz und Pfeffer abschmecken, den Kümmel und die Petersilie darüberstreuen und alles gut mischen.
Den gut gegangenen Hefeteig auf der bemehlten Arbeitsfläche ausrollen und ein leicht gefettetes Backblech damit belegen. Mit einer Gabel mehrmals einstechen, damit der Teig beim Backen keine Blasen wirft. Die Zwiebelmasse gleichmäßig darauf verteilen und glattstreichen. Nochmals etwa 15 Minuten gehen lassen. Dann auf der mittleren Schiebeleiste im vorgeheizten Backofen bei 200 °C 20–30 Minuten backen.

Schwäbischer Krautkuchen

Ohne Abbildung

Zutaten für 1 Backblech:
Hefeteig nach dem nebenstehenden Rezept
Für den Belag:
200 g durchwachsener Räucherspeck
1 kg Weißkraut, geputzt
¼ l trockener Weißwein
1 Teel. Salz
frisch gemahlener Pfeffer
2 Teel. Kümmel
1 Eßl. gehackte Petersilie
1 Becher saure Sahne (200 g)
Außerdem:
Mehl zum Ausrollen
Fett für das Backblech

Zubereitungszeit: 2 Stunden
Backzeit: 20–30 Minuten

Den Hefeteig zubereiten und gehen lassen. Den Speck würfeln und in einer großen Pfanne einige Minuten anbraten. Das Weißkraut feinschneiden und zum Speck geben. Mit dem Wein übergießen. Mit dem Salz, etwas Pfeffer, dem Kümmel und der Petersilie würzen. Zugedeckt unter gelegentlichem Wenden in 20–25 Minuten fast weich dünsten. Die Sahne darunterrühren; abkühlen lassen.
Den Hefeteig ausrollen, die Füllung daraufgeben und den Kuchen backen, wie beschrieben.

Dreimal Pizza

Pizza darf bei pikanter Bäckerei nicht fehlen. Hier drei Versionen: Gemüsepizza (im Bild vorne), Thunfischpizza (im Bild in der Mitte) und Muschelpizza (im Bild hinten). Die Mengen sind für 4 Pizzen mit einer Belagversion nach Wahl berechnet.

Zutaten für 4 Pizzen von 18–20 cm Durchmesser:
300 g Mehl · 20 g frische Hefe
⅛ l lauwarmes Wasser
½ Teel. Salz · 3 Eßl. Olivenöl
Außerdem:
Mehl zum Ausrollen · Olivenöl
Für den Gemüsebelag:
etwa 100 g Zwiebeln
1 Knoblauchzehe
100 g gekochter Schinken
250 g Zucchini · 200 g Tomaten
200 g Paprikaschoten
200 g Artischockenherzen (Glas)
4 Eßl. Tomatenmark
2 Eßl. Olivenöl
200 g Mozzarellakäse
frisch gemahlener Pfeffer
Salz · getrockneter Thymian
Für den Thunfischbelag:
2 Dosen Thunfisch (je 150 g)
750 g Tomaten · 1 Eßl. Kapern
200 g Zwiebeln · Salz
frisch gemahlener Pfeffer
1 Eßl. gehackte Petersilie
1 Teel. gehackter Rosmarin
250 g Mozzarellakäse
12 schwarze Oliven
Für den Muschelbelag:
340 g naturell eingelegte Muscheln
1 kleine Dose Tomaten
100 g Zwiebeln · 1 Eßl. Kapern
je 1 gelbe und rote Paprikaschote
2 Teel. getrockneter Oregano
Salz · frisch gemahlener Pfeffer
250 g Fontina- oder Butterkäse
12 schwarze Oliven

Zubereitungszeit: 1 Stunde und 20 Minuten
Backzeit: 18–20 Minuten

Zunächst einen Hefeteig, wie im Grundrezept auf Seite 9 beschrieben, zubereiten; statt Butter und Ei wird hier aber Öl verwendet. Den Teig gehen lassen.

Den gegangenen Teig in 4 gleichgroße Stücke teilen, diese zu runden Platten von 18–20 cm ausrollen und auf 2 geölte Backbleche legen.

Für den Gemüsebelag die Zwiebeln schälen und hacken, den Knoblauch schälen und zerdrükken. Den Schinken würfeln, die Zucchini gut waschen und in Scheiben schneiden. Die Paprikaschoten entkernen und in Ringe schneiden. Die Artischockenherzen halbieren. Das Tomatenmark mit dem Olivenöl, der Zwiebel, dem Knoblauch und den Schinkenwürfeln verrühren. Die Masse auf die Pizzen verteilen, darauf alles Gemüse. Mit dünnen Mozzarellascheiben abdecken, mit Pfeffer, Salz und zerriebenem Thymian bestreuen.

Oder für den Thunfischbelag den Thunfisch abtropfen lassen und zerpflücken. Die Tomaten brühen, häuten und in Scheiben schneiden. Die Kapern hacken, die Zwiebeln schälen und in Ringe schneiden. Auf die Pizzen nacheinander Tomaten, Fisch, Kapern, Zwiebeln, Gewürze, Kräuter, Käsescheiben und entsteinte Oliven geben.

Oder für den Muschelbelag die Muscheln und Tomaten abtropfen lassen. Die Zwiebeln schälen und würfeln. Die Kapern hacken. Die Paprikaschoten entkernen und in Streifen schneiden. Auf die Pizzen nacheinander zerkleinerte Tomaten, Zwiebelwürfel, Muscheln, Paprikastreifen, Kapern, Oregano, Gewürze, Käsescheiben und entsteinte Oliven geben.

Die Pizzen noch 10–15 Minuten gehen lassen, dann mit 1–2 Eßlöffeln Olivenöl beträufeln. Im vorgeheizten Backofen auf der mittleren Schiebeleiste bei 220 °C in 18–20 Minuten schön knusprig backen.

Gefüllte Blätterteigtaschen

Zutaten für 10 Stück mit Käsefüllung:
600 g tiefgefrorener Blätterteig
Für die Füllung:
10 Scheiben roher Schinken zu je 20 g
2 Eßl. Butter
3 Eßl. Mehl
⅛ l Fleischbrühe
⅛ l Milch
½ Teel. Salz
1 Prise frisch gemahlener weißer Pfeffer
1 Prise geriebene Muskatnuß
250 g Tilsiter Käse
150 g gekochter Schinken
Außerdem:
Mehl zum Ausrollen
1 Eigelb zum Bestreichen
Kümmel zum Bestreuen

Zubereitungszeit: etwa 1 Stunde
Backzeit: etwa 15 Minuten

Den Blätterteig auftauen lassen. Die einzelnen Platten auf der bemehlten Arbeitsfläche zu Rechtecken von 18 × 10 cm Größe ausrollen. Auf jede Teigplatte eine rohe Schinkenscheibe legen. Dabei ringsum einen schmalen Rand frei lassen.
Die Butter in einer Kasserolle zerlassen, mit dem Mehl bestauben und unter ständigem Rühren anschwitzen, aber nicht bräunen. Mit einer Mischung aus der Brühe und der Milch ablöschen und bei schwacher Hitze unter gelegentlichem Umrühren zu einer sämigen Sauce kochen. Mit dem Salz, dem Pfeffer und dem Muskat abschmecken. Den Käse in kleine Würfel schneiden und in die Sauce rühren. Den gekochten Schinken ebenfalls kleinwürfeln und daruntermischen. Abkühlen lassen, dabei ab und zu umrühren.
Die abgekühlte Sauce mit einem Löffel auf die Schinkenscheiben verteilen. Das Eigelb mit etwas Wasser verquirlen und die freigebliebenen Teigränder damit bestreichen. Die Blätterteigscheiben zur Hälfte zusammenklappen, so daß kleine Taschen entstehen. An den Rändern gut zusammendrükken. Die Oberflächen mit Eigelb bestreichen und mit Kümmel bestreuen. Ein Backblech mit kaltem Wasser abspülen und die gefüllten Blätterteigtaschen mit etwas Abstand daraufsetzen. 15 Minuten ruhen lassen. Die Taschen dann im vorgeheizten Backofen auf der mittleren Schiebeleiste bei 220 °C etwa 15 Minuten backen. Noch warm servieren.

Variante: Forellenfüllung

Statt mit der Käsesaucefüllung kann man die Taschen auch wie folgt füllen.
30 g Butter in einer Pfanne erhitzen und 50 g feingehackte Zwiebel darin hell anlaufen lassen. 1 Eßlöffel feingehackte Petersilie und 100 g frische, feingehackte Champignons zugeben. Alles 2–3 Minuten anbraten, dann 100 g Crème fraîche zusetzen und erkalten lassen. 10 geräucherte Forellenfilets – frisch geräucherte Forellen sind natürlich vorzuziehen, doch es geht auch mit vakuumverpackten geräucherten Filets – halbieren, auf die Blätterteigrechtecke legen und mit hartgekochtem, gehacktem Ei (insgesamt 3 Eier) bestreuen. Dann die Zwiebel-Champignon-Mischung darübergeben. Wie beim nebenstehenden Rezept die Blätterteigscheiben weiterverarbeiten und backen.

Variante: Mortadellafüllung

Vom Fleischer 20 etwa 2–3 mm dicke Mortadellascheiben schneiden lassen und daraus 20 Quadrate von etwa 6 × 6 cm schneiden. 20 g Butter in einer Pfanne zerlassen. 50 g Zwiebelwürfel und ½ zerdrückte Knoblauchzehe darin anschwitzen. Abkühlen lassen, dann 100 g gewürfelten Emmentaler Käse untermischen. Mit etwas Pfeffer, 2 Teelöffeln gehackter Petersilie und 1 Teelöffel gehackten Kapern würzen. Die Füllung auf 10 Wurstscheiben verteilen, jeweils mit einer zweiten Wurstscheibe abdecken und wie bei den vorhergehenden Rezepten in den Blätterteig füllen. Die Oberfläche der Taschen mit Kümmel bestreuen und wie beschrieben backen.

Lachspastetchen

Im Bild hinten

Zutaten für 25–30 Stück:
600 g tiefgefrorener Blätterteig
Für die Füllung:
2 Teel. Butter
1 Eßl. gehackte Zwiebel
1 gehäufter Eßl. Mehl
⅛ l saure Sahne · ¼ Teel. Salz
etwas frisch gemahlener Pfeffer
etwas geriebene Muskatnuß
2 hartgekochte Eier
350 g Räucherlachs
1 Eßl. feingehackter Dill
Außerdem:
Mehl zum Ausrollen
1 Eigelb und etwas Wasser oder Milch zum Bestreichen

Zubereitungszeit: etwa 1 Stunde
Backzeit: 15–18 Minuten

Den Blätterteig auftauen lassen. Die Butter in einer Kasserolle zerlaufen lassen und die feingehackte Zwiebel darin glasig braten (nicht bräunen). Das Mehl zugeben und unter ständigem Rühren hell anschwitzen. Mit der sauren Sahne aufgießen. Die Sauce bei mäßiger Hitze einige Minuten einkochen lassen. Mit dem Salz, Pfeffer und Muskat würzen. Die Sauce kalt rühren. Die Eier schälen und grobhacken, den Lachs in feine, kleine Würfel schneiden. Den Dill, die Eier und den Lachs zur Sauce geben. Gut durchmischen und erkalten lassen.

Den Blätterteig auf einer bemehlten Arbeitsfläche nach allen Seiten hin gleichmäßig 2 mm dick ausrollen.
Mit einem gezackten Ausstecher von 7 cm Durchmesser Kreise ausstechen und auf das mit Wasser benetzte Backblech legen. Auf die Hälfte der Teigplatten in die Mitte je 1 gehäuften Teelöffel Füllung setzen. Das Eigelb mit etwas Wasser oder Milch verrühren und die Teigränder damit bestreichen, jedoch sollte kein Eigelb über die Schnittkante laufen. Je 1 zweite Teigplatte daraufsetzen und ringsum fest andrücken. Die Teigreste zusammendrücken, nochmals ausrollen und kleine Fische ausstechen. Die Pastetchenoberfläche mit Eigelb bestreichen, mit den Teigfischen garnieren und diese ebenfalls mit Eigelb bestreichen. Die Pastetchen 15–20 Minuten an einem kühlen Platz ruhen lassen. Auf der mittleren Schiebeleiste im auf 220 °C vorgeheizten Backofen in 15–18 Minuten hellbraun und schön knusprig backen.

Pilzpastetchen

Im Bild vorne

Zutaten für 25–30 Stück:
600 g tiefgefrorener Blätterteig
Für die Füllung:
2 Teel. Butter
1 gehäufter Eßl. Mehl
⅛ l Milch · ¼ Teel. Salz
etwas frisch gemahlener Pfeffer
1 Eigelb
350 g frische Champignons
1 Zwiebel
150 g gekochter Schinken
50 g Butter
1 Eßl. gehackte Petersilie
Außerdem:
Mehl zum Ausrollen
1 Eigelb und etwas Milch oder Wasser zum Bestreichen

Zubereitungszeit: etwa 1 Stunde
Backzeit: 15–18 Minuten

Den Blätterteig auftauen lassen. Aus 2 Teelöffeln Butter, dem Mehl, der Milch, dem Salz und Pfeffer wie im nebenstehenden Rezept eine Béchamelsauce bereiten. Vom Herd nehmen, das Eigelb darunterrühren und die Sauce erkalten lassen; dabei häufig durchrühren, damit sie keine Haut zieht. Die Pilze putzen, feinwürfeln. Die Zwiebel schälen und sehr fein hacken. Den Schinken feinwürfeln. 50 g Butter in einer Pfanne zerlaufen lassen und darin die Zwiebel hell anschwitzen. Dann die Pilzwürfel zugeben und bei starker Hitze unter Rühren 5–6 Minuten braten. Die Schinkenwürfel und die Petersilie zugeben. Mit der Béchamelsauce mischen. Abkühlen lassen.
Den Blätterteig wie im Rezept Lachspastetchen ausrollen, ausstechen und füllen. Mit einem Blätterteigpilz dekorieren. Backen wie die Lachspastetchen.

Pasteten vom Blech

Die russische Küche hat eine Vorliebe für pikantes Backwerk. Es muß nicht unbedingt Wodka sein – die kleinen Pastetchen schmekken auch zu Bier. Und wenn sie nicht gerade mit Quark gefüllt sind, lassen sie sich auch vortrefflich in der Tiefkühltruhe vorrätig halten.

Piroggen

Im Bild hinten

Zutaten für 25–30 Stück:

300 g Mehl
½ Teel. Backpulver
½ Teel. Salz
80 g Butter
1 Ei
⅛ l saure Sahne

Für die Füllung:

50 g Zwiebel
250 g Räucherlachs
1 Eßl. feingehackter Dill
frisch gemahlener Pfeffer

Außerdem:

Mehl zum Ausrollen
1 Eigelb

Zubereitungszeit: etwa 1 Stunde
Ruhezeit: 45 Minuten
Backzeit: 15–20 Minuten

Das Mehl mit dem Backpulver in eine Schüssel sieben, in die Mitte eine Mulde drücken, das Salz und die weiche Butter hineingeben und mit etwas Mehl vermengen. Dann das Ei und die saure Sahne zugeben und alles mit einem Kochlöffel zu einem glatten Teig schlagen. Zu einer Kugel formen und, in Alufolie gewickelt, mindestens 45 Minuten kühl stellen.
Für die Füllung die Zwiebel schälen und würfeln. Den Räucherlachs in Streifen schneiden, mit den Zwiebelwürfeln, dem Dill und Pfeffer mischen. Nur, wenn nötig, salzen. Den Teig etwa 3 mm dick ausrollen und runde Platten von 8–10 cm Durchmesser ausstechen. Die Füllung in Häufchen darauf verteilen und den Rand mit Eigelb bestreichen. Die Teigplatten zur Hälfte zusammenklappen und die Ränder fest verschließen, damit beim Backen keine Füllung austreten kann. Den Rand mit einer Gabel zusammendrücken. Die Oberfläche der Piroggen mit Eigelb bestreichen. Die Piroggen auf ein Backblech legen und im vorgeheizten Backofen auf der mittleren Schiebeleiste bei 200 °C 15–20 Minuten backen.

Watruschki

Im Bild vorne

Zutaten für etwa 12 Stück:

300 g Mehl
½ Teel. Backpulver
½ Teel. Salz
80 g Butter · 1 Ei
⅛ l saure Sahne

Für die Füllung:

500 g trockener Schichtkäse (quarkähnlicher Frischkäse)
1 Eßl. saure Sahne
2 Eier · ½ Teel. Salz
frisch gemahlener Pfeffer
1 gestrichener Teel. Zucker

Außerdem:

Mehl zum Ausrollen
1 Eigelb

Zubereitungszeit: etwa 1 Stunde
Ruhezeit: 45 Minuten
Backzeit: etwa 20 Minuten

Den Teig zubereiten, wie im Rezept »Piroggen« beschrieben, und ruhen lassen. Den trockenen Schichtkäse durch ein Sieb drükken und mit der sauren Sahne, den Eiern, dem Salz, Pfeffer und dem Zucker verrühren. Die Füllung ebenfalls mindestens 45 Minuten kühl stellen.
Den Teig 2–3 mm dick ausrollen und je 12 Platten von 11,5–12 cm und 9 cm Durchmesser ausstechen. In die Mitte der größeren Teigplatten je 1–2 Eßlöffel Füllung geben und mit einer kleinen Teigplatte bedecken. Die Ränder der unteren Teigplatten nach oben schlagen und mit den Fingern zu kleinen Fältchen zusammenkneifen. Die Oberfläche der Watruschki mit Eigelb bestreichen. Die Watruschki auf ein Backblech legen und im vorgeheizten Backofen auf der mittleren Schiebeleiste bei 200 °C etwa 20 Minuten backen.

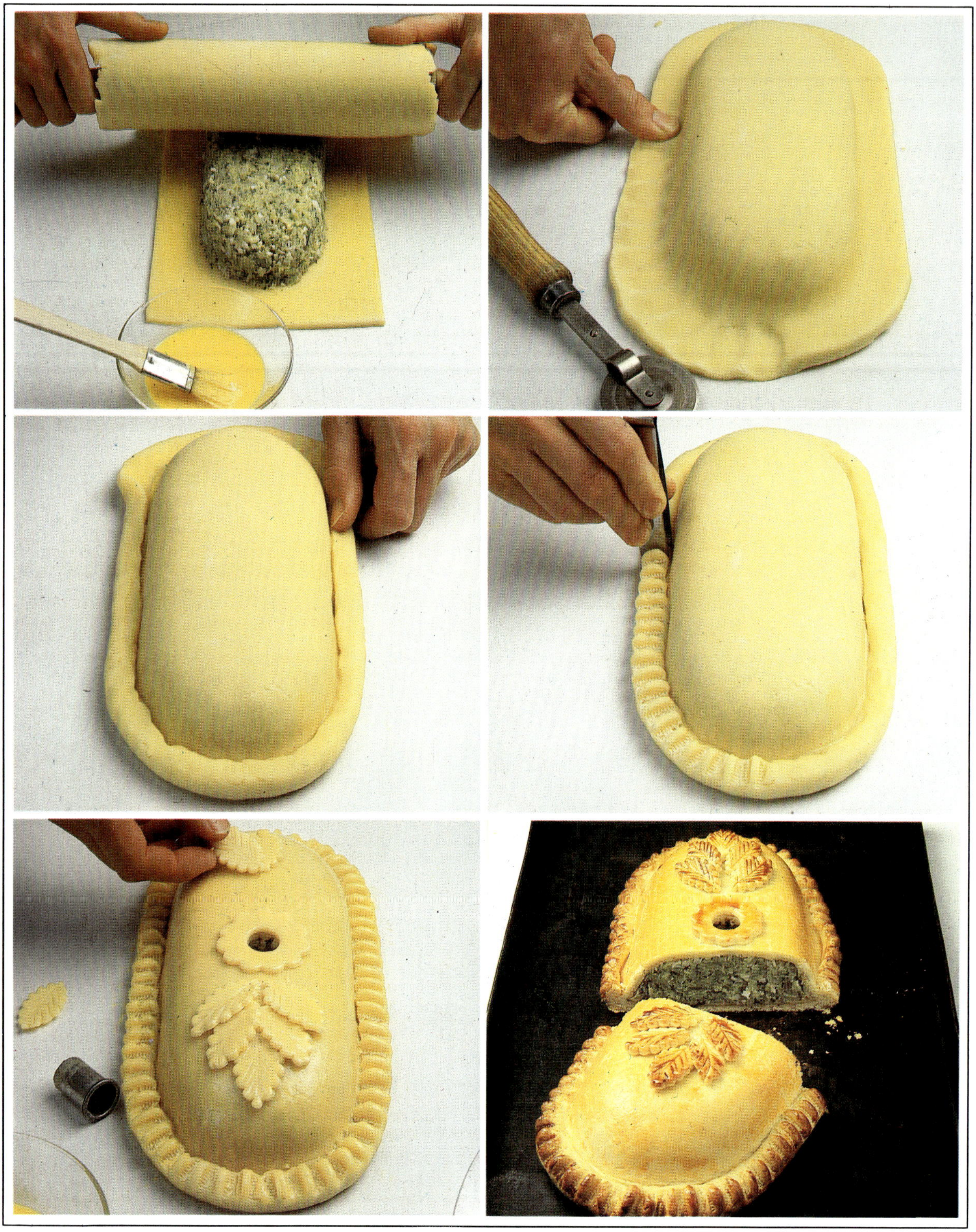

Russische Kohlpastete

Kulebjaka

Auch große russische Pasteten gibt es in zahlreichen Varianten. Die Kulebjaka – sie ist eine vollständige Mahlzeit – mit Lachs ist wohl die bekannteste. Preiswerter, jedoch nicht minder wohlschmeckend ist diese Pastete mit Kohlfüllung.

Zutaten:
600 g Mehl
300 g weiche Butter
1½ Teel. Salz
8–12 Eßl. Wasser
1 Ei
Für die Füllung:
1 kg Weißkohl (Weißkraut)
3½ l Wasser
Salz
200 g Zwiebeln
40 g Butter
¼ l Wasser
3 hartgekochte Eier
3 Eßl. gehackter Dill
2 Eßl. gehackte Petersilie
Zucker
frisch gemahlener weißer
Pfeffer
Außerdem:
Mehl zum Ausrollen
2 Eigelbe zum Bestreichen
Fett für das Backblech

Zubereitungszeit: etwa 3 Stunden
Backzeit: etwa 30 Minuten

Das Mehl auf die Arbeitsplatte sieben, in die Mitte eine weite Mulde drücken und die weiche Butter in groben Würfeln hineingeben. Das Salz darüberstreuen und das Wasser dazugießen. Das Ei zugeben und mit Butter und Wasser mischen. Dann das Mehl nach und nach so rasch wie möglich unterarbeiten. Den Teig zusammenkneten und, in Folie gewickelt, mindestens 1 Stunde im Kühlschrank ruhen lassen.
Für die Füllung den Weißkohl vierteln, vom Strunk befreien und grob zerschneiden. 3½ l Wasser, leicht gesalzen, aufkochen und den Kohl darin 5 Minuten garen; dann abgießen und gut abtropfen lassen. Die Zwiebeln schälen, würfeln und in der heißen Butter hellgelb anbraten. Den Kohl dazugeben, mit ¼ l Wasser aufgießen und zugedeckt im Backofen bei 180 °C 30–40 Minuten garen. Sobald der Kohl weich ist, den Deckel abnehmen, damit die Flüssigkeit verdampfen kann. Die Eier schälen und hacken. Den Kohl abtropfen und etwas abkühlen lassen. Dann mit den gehackten Eiern, den Kräutern, 1 Eßlöffel Salz, Zucker und Pfeffer gut mischen und abschmecken.

Bild 1: Knapp die Hälfte des Teiges auf der bemehlten Arbeitsfläche 3–4 mm dick ausrollen und rechteckig zuschneiden. Die Kohlfüllung in Form eines Brotes daraufgeben. Dabei einen 3 cm breiten Rand frei lassen und diesen mit verquirltem Eigelb bestreichen. Den restlichen Teig ausrollen und mit Hilfe des Rollholzes auf die Füllung legen (locker über die Rolle wickeln und über dem Kohl abwickeln).

Bild 2: Den Teig über der Füllung formen und die Ränder gut zusammen- und etwas breitdrükken. Überstehenden Teig abschneiden.

Bild 3: Den breitgedrückten Rand mit Eigelb bestreichen und vorsichtig nach oben umschlagen, so daß rundum eine Rolle entsteht. Der Teig darf nicht einreißen. Am Innenrand leicht andrücken.

Bild 4: Den Rand mit einem Teigkneifer verzieren. So mit Eigelb bestreichen, daß nur der hochstehende Teig bestrichen wird und beim Backen eine schöne braune Färbung bekommt.

Bild 5: Die Teigreste verkneten, ausrollen und Ornamente ausschneiden. Mit Eigelb bestreichen und um die Öffnung für den Dampfabzug anordnen und andrücken. Als Kamin ein Röhrchen aus doppelt gefalteter Alufolie einsetzen. Die Teigoberfläche mit Eigelb bestreichen.

Bild 6: Die Kohlpastete auf ein gefettetes Backblech legen und vor dem Backen etwa 15 Minuten kühl stellen. Im vorgeheizten Backofen bei 220 °C auf der mittleren Schiebeleiste in etwa 30 Minuten knusprig braun backen. Saure Sahne dazu servieren.

Mürbe Lammfleischpastetchen

Dieses Rezept ist eine Variante der berühmten »Cornish Pasties« aus England. Und die Leute aus Cornwall verstehen, wie die meisten Engländer, hervorragende Pasteten zu backen. Die Originalfüllung für Cornish Pasties besteht meist aus Rind- oder Hammelfleisch, in jedem Fall aber sind Kartoffeln mit dabei. Bei dem folgenden Rezept wurde auf die Kartoffeln verzichtet.

Zutaten für 15–16 Stück:
250 g Mehl
150 g weiche Butter
¼ Teel. Salz · 1 Ei
Für die Füllung:
500 g Lammfleisch aus der Schulter
100 g Zwiebeln
1 Knoblauchzehe
100 g Möhren
40 g Staudensellerie
etwa 50 g feines Öl
2 mittelgroße Tomaten
¼ l Fleischbrühe
½ Teel. Salz
½ Teel. gehackter Thymian
etwas frisch gemahlener Pfeffer
1 kleine scharfe Peperoni
1 Ei · 1 Eßl. Semmelbrösel
Außerdem:
Mehl zum Ausrollen
1 Eigelb und etwas Wasser oder Milch zum Bestreichen

Zubereitungszeit: etwa 2 Stunden

Das Mehl auf die Arbeitsfläche sieben und in die Mitte eine Vertiefung drücken. Die weiche Butter in Würfeln, das Salz und das Ei hineingeben. Nach und nach das Mehl unterarbeiten und dann alles rasch zu einem geschmeidigen Teig zusammenkneten. Keinesfalls länger bearbeiten als nötig, damit der Teig nicht »kurz« und bröselig wird. Mit Folie zugedeckt im Kühlschrank 1–2 Stunden ruhen lassen.

Für die Füllung das Lammfleisch von Haut und Sehnen befreien und sehr klein würfeln; es sollten nach dem Putzen mindestens 400 g übrig bleiben. Die Zwiebeln schälen und feinwürfeln, ebenso den Knoblauch. Die Möhren feinwürfeln, den Sellerie hacken. Etwa 2 Eßlöffel Öl in einer Pfanne erhitzen und die Fleischwürfel in 2–3 Portionen nacheinander bei sehr starker Hitze ganz kurz anbraten, herausnehmen und in einem Sieb ablaufen lassen. Das abtropfende Öl nochmals in der Pfanne erhitzen. Die Zwiebel und den Knoblauch darin 2–3 Minuten anlaufen lassen. Dann die Möhrenwürfel und den Sellerie zugeben. Alles 4–5 Minuten dünsten. Die Tomaten brühen, abziehen und die Kerne entfernen. Das Fruchtfleisch in Würfel schneiden und zum Gemüse geben. Die Fleischbrühe zugießen. Mit dem Salz, dem Thymian und Pfeffer würzen. Die Peperoni halbieren, sorgfältig entkernen und kleinwürfeln. Zum Gemüse geben und alles bei schwacher Hitze unter häufigem Rühren 10–15 Minuten garen. Die Flüssigkeit sollte reduziert, die Mischung dickflüssig sein. Das Fleisch zufügen, dann das Ei und die Semmelbrösel. Gut durcharbeiten und erkalten lassen.

Den gut gekühlten Teig auf der bemehlten Arbeitsfläche etwa 3 mm dick ausrollen. Runde Platten von 9 cm Durchmesser ausstechen und jede Platte ausrollen, so daß sie 2–3 cm länger als breit ist. Das Eigelb mit etwas Wasser oder Milch verrühren und die Teigränder damit bestreichen. In die Mitte jeweils einen gehäuften Eßlöffel Füllung setzen. Die Teigplatten zu Täschchen zusammenlegen. Den Rand fest andrücken und noch mit einem runden Gegenstand (Kochlöffelstiel) mehrmals eindrücken, damit beim Backen keine Füllung austreten kann. Die Oberfläche mit Eigelb bestreichen. Die Pastetchen auf ein Backblech setzen und im auf 220 °C vorgeheizten Backofen auf der mittleren Schiebeleiste in etwa 20 Minuten schön hellbraun backen; die Füllung muß dabei noch saftig bleiben.

Forellenpastetchen

Die kleinen gebackenen Fische kann man natürlich auch mit einer anderen Fischfarce zubereiten, jedoch schmecken sie mit der nachfolgenden Forellenfarce besonders gut. Mit dem Mixer geht es auch ganz schnell und leicht.

Zutaten für 8 Stück:
500 g Mehl
35 g frische Hefe
¼ l lauwarme Milch
40 g Butter
1 Ei
½ Teel. Salz
Für die Füllung:
450 g frische Forellenfilets
(von etwa 800 g Forellen)
1 kleine Zwiebel
20 g Butter
60 g Weißbrot ohne Rinde
1 Ei
½ Teel. Salz
1 Messerspitze weißer Pfeffer
1 Messerspitze geriebene Muskatnuß
¼ l Sahne
4 geräucherte Forellenfilets
Außerdem:
Mehl zum Ausrollen
1 Eigelb zum Bestreichen

Zubereitungszeit: etwa 2 Stunden
Backzeit: etwa 20 Minuten

Aus den angegebenen Zutaten einen lockeren, trockenen Hefeteig bereiten und gehen lassen, wie auf Seite 9 beschrieben.
Die Forellenfilets sorgfältig auslösen und darauf achten, daß möglichst keine Gräten mehr im Fleisch bleiben. Die Zwiebel schälen, würfeln und in der Butter glasig braten. Die Zwiebeln in eine Schüssel geben, die Forellenfilets in Würfel schneiden und dazugeben, ebenso das in kleine Würfel geschnittene Weißbrot, das Ei, die Gewürze und die Sahne. Alles zugedeckt im Kühlschrank etwa 15 Minuten ruhen lassen, dann gut mischen. Die Mischung in kleinen Portionen (je 2–3 Eßlöffel) im Mixer pürieren. Das Gerät keinesfalls länger laufen lassen, als nötig ist, um eine glatte Farce zu erhalten, denn sie darf nicht in der Maschine warm werden. Die Farce in eine Schüssel geben, diese in Eiswasser setzen und mit einem Kochlöffel langsam rühren, bis die Masse seidig glänzt.
Den gut gegangenen Hefeteig in 8 gleichgroße Stücke teilen. Diese Teigstücke auf der bemehlten Arbeitsfläche rundschleifen und dann zu runden, gleichmäßig dikken Platten von etwa 25 cm Durchmesser ausrollen. In die Mitte einen etwa 10 cm langen und 5 cm breiten Streifen der Farce streichen, ½ geräuchertes Forellenfilet darauflegen und die gleiche Menge Forellenfarce darüberstreichen. Die Teigränder mit verquirltem Eigelb bestreichen und den Teig über der Füllung verschließen. Fest zusammenkneifen, damit keine Füllung austreten kann, und dem Ganzen die Form eines Fisches geben. Dabei sehr vorsichtig verfahren, damit bei dem Rollen in den Händen die Füllung nicht herausgedrückt wird. Die »Fische« auf ein Backblech legen. Aus Teigabfällen die Mäulchen in Form von zwei kleinen Kugeln rollen und ansetzen. Die Fische dann bei Zimmertemperatur etwa 20 Minuten gehen lassen. Anschließend mit einer kleinen spitzen Schere die »Schuppen« einschneiden. Dabei die Schere sehr flach halten, damit einerseits die Schuppen entstehen können und andererseits nicht zu tief in den Teig geschnitten wird, weil sonst die Füllung austreten könnte. Das Auge in Form einer kleinen Teigrosette aufsetzen und die ganzen Fische mit Eigelb bestreichen. Im vorgeheizten Backofen auf der mittleren Schiebeleiste bei 210 °C etwa 20 Minuten backen.
Die Fischpastetchen kalt mit einer Kräuterremoulade und Salat servieren.

Feine Schweinefleisch-pasteten

Für solche attraktiven Pasteten vom Blech kann man auch andere Füllungen wählen. Sie dürfen allerdings nicht zu weich oder gar flüssig sein, weil sich sonst der Teigdeckel nicht korrekt befestigen läßt und die Füllung beim Backen herausläuft.

Zutaten für 4 Pasteten:
Für die Füllung:
500 g Schweinefleisch aus der Keule
70 g Möhren
70 g Knollensellerie, geputzt
50 g Zwiebel
Schale von 1 Zitrone (Schale unbehandelt)
1 Lorbeerblatt
1 Zweig frischer Thymian
5 Wacholderbeeren
5 cl Erdnußöl
20 cl alter Portwein (0,2 l)
1 Teel. Salz
frisch gemahlener Pfeffer
2 Eßl. Johannisbeergelee
Für den Teig:
400 g Mehl
200 g Butter
1 Teel. Salz · 1 Eiweiß
5–8 Eßl. Wasser
Außerdem:
Mehl zum Ausrollen
1 Eigelb
40 g Butter

Zubereitungszeit: 2 Stunden und 30 Minuten
Marinierzeit: mindestens 48 Stunden
Ruhezeit für den Teig: 1 Stunde
Backzeit: 20–25 Minuten

Das Fleisch sorgfältig von allen Häuten befreien und in kleine, höchstens 1 cm große Würfel schneiden. Die Karotten, den Sellerie und die geschälte Zwiebel feinwürfeln. In einer Schüssel die Fleischwürfel mit dem Gemüse mischen. Die spiralförmig abgeschälte Zitronenschale, das Lorbeerblatt, den Thymianzweig und die grob zerdrückten Wacholderbeeren darübergeben. Mit dem Erdnußöl und dem Portwein übergießen und zugedeckt im Kühlschrank mindestens 48 Stunden marinieren lassen.
Von dem marinierten Fleisch den größten Teil der Flüssigkeit ablaufen lassen. Die Zitronenschale, das Lorbeerblatt, den Thymianzweig und die Wacholderbeeren entfernen. Das Fleisch mit dem Salz und Pfeffer würzen und das Johannisbeergelee unterrühren.
Für den Teig das Mehl auf die Arbeitsfläche sieben. Die weiche Butter in kleinen Stücken zugeben. Beides sorgfältig mit den Händen zerbröseln, so daß sich Butter und Mehl grob miteinander verbinden und eine sehr krümelige, ungleichmäßige Masse entsteht. In diese Masse eine Mulde arbeiten, das Salz hineinstreuen und das Eiweiß mit dem Wasser zufügen. Die Flüssigkeit zunächst unter einen Teil der Mehl-Butter-Mischung arbeiten, dann den Teig von außen nach innen zusammenwirken. Den Teig mit beiden Händen rasch zu einem Kloß formen und diesen kräftig verkneten, so daß sich die Zutaten gut miteinander verbinden. Im Kühlschrank zugedeckt 1 Stunde ruhen lassen.
Den Teig 3–4 mm dick ausrollen und 8 runde Böden von 18 cm Durchmesser ausschneiden. 4 Böden auf ein Backblech legen und die Füllung so darauf verteilen, daß ein etwa 1 cm breiter Rand frei bleibt. Den Rand mit verquirltem Eigelb bestreichen. Die Pasteten mit den restlichen 4 Teigplatten bedecken, den Rand ringsum gut andrücken und dann mit einer Gabel »riffeln«. In der Mitte jeweils ein Loch für den Kamin ausstechen. Die Oberfläche der Pasteten mit Eigelb bestreichen und mit ausgestochenen Teigornamenten garnieren. Diese ebenfalls mit Eigelb bestreichen. Als Kamin ein Röhrchen aus doppelt gefalteter Alufolie einsetzen.
Die Pasteten im vorgeheizten Backofen auf der mittleren Schiebeleiste bei 200 °C 5 Minuten anbacken und bei 180 °C in 15–20 Minuten fertig backen. Gleich nach dem Backen die warme Butter durch die Kaminöffnung in die heißen Pasteten gießen. Sofort servieren, denn sie schmecken warm am besten.

DEPUIS
RIESLING

Weißkrautstrudel

Im Bild links

Zutaten für 8–10 Portionen:
300 g Mehl · ½ Teel. Salz
1 Ei · 3–4 Eßl. Öl
etwa 0,2 l Wasser
Für die Füllung:
500 g Weißkraut (Weißkohl)
80 g durchwachsener Räucherspeck
50 g Butter · 100 g Zwiebeln
1 Knoblauchzehe
¼ l Fleischbrühe
¼ l trockener Weißwein
1 Teel. Salz
etwas frisch gemahlener Pfeffer
1 Eßl. gehackte Petersilie
Außerdem:
Mehl zum Ausrollen · Öl

Zubereitungszeit: 60–80 Minuten
Ruhezeit: etwa 1 Stunde
Backzeit: etwa 40 Minuten

Das Mehl auf eine Arbeitsplatte schütten. In die Mitte eine Vertiefung drücken und das Salz, das Ei, das Öl sowie die Hälfte des Wassers hineingeben. Von der Mitte die Zutaten mit dem Mehl mischen. Wenn nötig, das restliche Wasser nach und nach zugießen. Einen glatten, aber noch geschmeidigen Teig kneten, zur Kugel formen, mit Öl bestreichen und, mit einer Schüssel zugedeckt, etwa 1 Stunde ruhen lassen. Das Weißkraut feinschneiden oder hobeln. Den Speck kleinwürfeln, in einer großen Kasserolle anrösten, dann das Fett abgießen. Die Butter zugeben. Die Zwiebeln schälen und feinhacken, den Knoblauch schälen und zerdrücken. Beides in die Kasserolle geben und glasig anbraten. Das Weißkraut zufügen und mit der Fleischbrühe sowie dem Wein aufgießen. Mit dem Salz, Pfeffer und der Petersilie würzen. Das Kraut zugedeckt etwa 20 Minuten dünsten. Eventuell überschüssige Flüssigkeit noch einkochen lassen.
Den Strudelteig auf einer bemehlten Fläche sehr dünn ausrollen, dann über den beiden Handrücken vorsichtig noch so dünn wie möglich ausziehen. Den Strudelteig auf einem bemehlten großen Tuch ausbreiten und zu etwa ¾ mit der Füllung belegen. Den Teig von der Längsseite her durch Anheben des Tuches aufrollen. Den Rand mit Wasser oder verrührtem Eigelb bestreichen und andrükken. Den Strudel auf ein leicht geöltes Backblech legen und im vorgeheizten Backofen auf der mittleren Schiebeleiste bei 200 °C etwa 40 Minuten backen.

Gemüsestrudel

Im Bild rechts

Zutaten für 8–10 Portionen:
Strudelteig wie im nebenstehenden Rezept
Für die Füllung:
150 g Zwiebeln
1 Knoblauchzehe
250 g grüne Bohnen
250 g Zucchini
1 rote Paprikaschote
3 Eßl. Öl
¼ l Fleisch- oder Hühnerbrühe
1 Tasse Erbsen
etwas gehackter Thymian, Rosmarin, Petersilie, Basilikum
½ Teel. Salz
frisch gemahlener Pfeffer
Außerdem:
Mehl zum Ausrollen · Öl

Zubereitungszeit: 70–90 Minuten
Backzeit: etwa 40 Minuten

Den Strudelteig wie beim nebenstehenden Rezept zubereiten.
Für die Füllung die Zwiebeln schälen und würfeln, den Knoblauch schälen und zerdrücken. Die Bohnen putzen und in Stücke schneiden, die Zucchini gründlich waschen, von den Stielen befreien und in dünne Scheiben schneiden. Die Paprikaschote entkernen und kleinwürfeln. Das Öl in einer Pfanne erhitzen. Die Zwiebelwürfel und den Knoblauch darin glasig braten. Das vorbereitete Gemüse zugeben und in 2–3 Minuten unter ständigem Rühren zusammenfallen lassen. Dann die Brühe und die Erbsen zufügen. Mit den Kräutern, dem Salz und Pfeffer würzen. Das Gemüse bei Mittelhitze so lange garen, bis die Flüssigkeit verdunstet ist (5–6 Minuten); dann erkalten lassen.
Den Teig wie beim Weißkrautstrudel füllen und backen.

Wildpastete

Zutaten für eine Pasteten- oder Kastenform von 1,2 l Inhalt:
400 g Mehl
200 g weiche Butter
¾ Teel. Salz · 1 Eiweiß
5–6 Eßl. Wasser
Für die Füllung:
200 g schieres (fett- und sehnenfreies) Wildfleisch (Reh oder Hirsch)
150 g Schweinefleisch
150 g frischer, ungeräucherter Speck
5 Wacholderbeeren
1 Teel. Pastetengewürz
abgeriebene Schale von ½ Orange und ½ Zitrone (Schale unbehandelt)
2 Rehfilets (etwa 250 g)
2 Eßl. Öl
Salz · frisch gemahlener Pfeffer
2 cl Cognac · 30 g Pistazien
Außerdem:
Mehl zum Ausrollen
1 Eigelb und etwas Wasser oder Milch zum Bestreichen
Für das Gelee:
0,4 l doppelte Kraftbrühe (Dose) oder entfettete Fleischbrühe
6 cl Madeira
15 g Aspikpulver oder weiße Gelatine

Zubereitungszeit: 4–5 Stunden
Ruhezeit: etwa 2 Stunden
Backzeit: 40–45 Minuten

Das Mehl mit der Butter, dem Salz, dem Eiweiß und zunächst mit 3 Eßlöffeln Wasser zu einem Mürbteig kneten, wenn nötig, das restliche Wasser zugeben. In Folie gewickelt etwa 2 Stunden im Kühlschrank ruhen lassen.
Die Fleischfarce läßt sich mühelos in einer Küchenmaschine zubereiten, jedoch müssen sämtliche Zutaten sehr gut gekühlt sein. Der Speck kann sogar gefroren werden und sorgt dann beim Zerkleinern noch für Kühlung. Das Rehfleisch, das Schweinefleisch und den Speck in etwa 1 cm große Würfel schneiden. Die Wacholderbeeren zerdrücken und mit dem Pastetengewürz, der Orangen- und Zitronenschale zum Fleisch geben.

Bild 1: Die Zutaten in Portionen von maximal 100 g in der Küchenmaschine zerkleinern. Die Maschine keinesfalls länger als nötig laufen lassen. Die Farce muß kühl bleiben und fein und geschmeidig sein; man kann sie zusätzlich noch durch ein feines Sieb streichen. Gut kühlen und nochmals kräftig durchrühren.

Bild 2: Den gekühlten Mürbteig etwa 3 mm dick ausrollen. Die Form damit auslegen. Einen etwa 2 cm breiten Teigrand überstehen lassen. Die Rehfilets in dem heißen Öl bei starker Hitze von allen Seiten ganz kurz anbraten. Mit etwas Salz und Pfeffer würzen und mit dem Cognac übergießen. In der Pfanne erkalten lassen. Die Pistazien unter die Wildfarce mischen und davon eine Schicht in die ausgelegte Form füllen (am leichtesten geht es mit einem Spritzbeutel ohne Tülle). Die erkalteten Rehfilets darauflegen. Den Bratfond darübergießen. Mit der restlichen Farce abdecken.

Bild 3: Die überstehenden Teigränder zur Mitte hin einschlagen. Das Eigelb mit etwas Wasser oder Milch verrühren, die Teigoberfläche damit bestreichen. Eine Teigplatte in der Größe der Form darauflegen und andrücken.

Bild 4: Die Oberfläche mit einem Teigkneifer oder dem Messerrücken beliebig garnieren. Mit Eigelb bestreichen und mit Teigrosetten verzieren. In der Mitte ein Loch ausstechen und einen »Kamin« aus doppelt gefalteter Alufolie einsetzen. Die Pastete im vorgeheizten Backofen auf der mittleren Schiebeleiste bei 220 °C 15 Minuten anbacken und weitere 25–30 Minuten bei 180 °C fertigbacken. Die sicherste Kontrolle ist ein Fleischthermometer, das zur Mitte hin eingestochen 65–70 °C anzeigen soll.

Bild 5: Für das Gelee die Brühe einmal aufkochen. Den Madeira zugeben und das eingeweichte Aspikpulver (oder die Gelatine) darin auflösen. Das Gelee abkühlen lassen. In die erkaltete Pastete durch den Kamin einfüllen.

Bild 6: Die fertige Pastete über Nacht ruhen lassen und erst vor dem Servieren aufschneiden.

Ochsenmarkpastetchen

Die Pastetchen sollten möglichst noch lauwarm gegessen werden, dann kommt der Geschmack der luftigen Füllung ganz besonders gut zur Geltung. Man kann sie aber auch gekühlt einige Tage aufbewahren und dann vor dem Servieren aufbacken.

Zutaten für 6 Stück:
270 g Mehl
125 g Butter
1 Ei
¼ Teel. Salz
1–2 Eßl. Wasser
Für die Füllung:
2 Brötchen (möglichst altbacken)
⅛ l Milch
60 g geschälte, geriebene Mandeln
1 Ei
1 Eigelb
50 g Ochsenmark
¼ Teel. Salz
etwas frisch gemahlener Pfeffer
etwas geriebene Muskatnuß
Außerdem:
Mehl zum Ausrollen
1 Eigelb zum Bestreichen

Zubereitungszeit: 60–80 Minuten
Ruhezeit: etwa 2 Stunden
Backzeit: etwa 20 Minuten

Das Mehl auf die Arbeitsfläche geben und in die Mitte eine Vertiefung drücken. Die etwas weiche Butter, das Ei, das Salz und das Wasser hineingeben und alles zu einem Mürbteig verkneten. Den Teig in Alufolie wickeln, um ihn vor dem Austrocknen zu schützen, und im Kühlschrank etwa 2 Stunden ruhen lassen.
In der Zwischenzeit die feste Rinde der Brötchen in eine Schüssel reiben, die Brötchen in Scheiben schneiden und dazugeben. Mit der Milch übergießen. Wenn die Brötchen durchgeweicht sind, die Milch abgießen. Die Mandeln, das Ei, das Eigelb und das mit einer Gabel sehr fein zerdrückte Ochsenmark zur Brötchenmasse geben. Das Salz, Pfeffer und Muskat zufügen. Alles zu einer sehr lockeren, aber nicht flüssigen Füllung rühren; wenn nötig, von der abgegossenen Milch noch etwas zugeben.
Den Teig auf einer bemehlten Arbeitsfläche etwa 2–3 mm dick ausrollen. 6 Platten von etwa 15 cm Durchmesser ausstechen oder -schneiden und die Förmchen damit auslegen. Die Füllung hineingeben und die Oberfläche glattstreichen. 6 weitere Teigplatten von etwa 12 cm Durchmesser ausschneiden. Das Eigelb mit einigen Tropfen Wasser verrühren und den Teigrand der Pastetchen damit bestreichen. Dann die kleineren Teigplatten auflegen und den Rand kräftig andrücken, damit beim Backen keine Füllung austreten kann. Den überstehenden Rand mit einem Messer abschneiden. In die Mitte jedes Teigdeckels ein etwa 1–1½ cm großes Loch stechen, damit beim Backen der Dampf entweichen kann. Die Oberfläche mit dem verquirlten Eigelb bestreichen und mit einer kleinen Teigrosette garnieren. Die Pasteten im vorgeheizten Backofen bei 210 °C auf der mittleren Schiebeleiste etwa 20 Minuten backen.

Mein Tip: Je nachdem, wie dick Sie den Teig ausrollen, kann es durchaus einmal vorkommen, daß vom angegebenen Rezept etwas Teig übrig bleibt. Drücken Sie dann die Reste zusammen, rollen Sie sie erneut etwa 3 cm dick aus und schneiden Sie etwa 1 cm breite Streifen. Die Streifen auf ein Backblech legen, mit etwas Eigelb bestreichen und mit Salz, Kümmel oder Mohn bestreuen und diese Stängelchen dann im vorgeheizten Backofen bei 220 °C hellbraun backen. Ein feines Gebäck zu Bier und Wein.

Pasteten-Schweinchen

Diese kleinen lustigen Pastetchen können auch in Portionsförmchen von 7–8 cm Durchmesser gebacken werden oder auch als große Torte mit etwa 26 cm Durchmesser.

Zutaten für 10–12 runde Förmchen von 7 cm Durchmesser und 2 cm hohem Rand:
500 g Mehl
30 g frische Hefe
0,2 l lauwarme Milch
60 g Butter
1 Ei
1 Teel. Salz
etwas geriebene Muskatnuß

Für die Füllung:
80 g Zwiebeln
80 g Staudensellerie
450 g Schweinefleisch
100 g Schweineleber
30 g Butter
1 Teel. Salz
etwas frisch gemahlener Pfeffer
1 Teel. edelsüßes Paprikapulver
½ Teel. getrockneter Majoran
½ Teel. getrockneter Thymian
1 Messerspitze gemahlener Piment
1 Ei

Außerdem:
Mehl zum Ausrollen
1 Eigelb und etwas Wasser oder Milch zum Bestreichen

Zum Garnieren:
hartgekochtes Eiweiß und Trüffelstückchen

Zubereitungszeit: 2 Stunden
Backzeit: 20–25 Minuten

Aus den angegebenen Zutaten einen Hefeteig bereiten und gehen lassen, wie auf Seite 9 beschrieben. Zum Verarbeiten in den kleinen Förmchen darf er aber etwas fester sein, deshalb der geringere Flüssigkeitsanteil.
Für die Füllung die Zwiebeln schälen und würfeln. Den Sellerie ebenfalls in feine Würfel schneiden. Das Schweinefleisch von Fett und Hautresten befreien, die Schweineleber enthäuten. Die Butter in einer Pfanne erhitzen. Die Zwiebel- und die Selleriewürfel darin 3–4 Minuten anlaufen lassen. Das Fleisch und die Leber mit der Zwiebelmischung durch die feine Scheibe des Fleischwolfs drehen. In eine Schüssel geben, mit dem Salz, Pfeffer und den übrigen Gewürzen mischen. Zum Schluß das Ei darunterarbeiten. Den Hefeteig auf einer bemehlten Arbeitsfläche 4–5 mm dick ausrollen. Die kleinen Förmchen damit auslegen und den Rand mit dem Daumen kräftig andrücken. Der Teig sollte etwa 1 cm überstehen. Nun die Fleischfüllung in den Förmchen gleichmäßig verteilen und die Oberflächen glattstreichen. Die Teigränder nach innen schlagen. Das Eigelb mit einigen Tropfen Wasser oder Milch verrühren und die eingeschlagenen Teigränder damit bestreichen. Teigdeckel in Größe der Förmchen ausstechen und diese damit abdecken. Für die Rüssel der Schweinchen runde Plättchen ausstechen und aus diesen dann 2 kleine Löcher (mit einer Lochtülle) als Nasenlöcher ausstechen. Die Ohren ebenfalls mit einem runden Ausstecher herstellen. Die Oberfläche der Schweinchen mit Eigelb bestreichen und Rüssel und Ohren anbringen. Diese dann ebenfalls bestreichen. Die Pastetchen 15–20 Minuten gehen lassen. Dann im vorgeheizten Backofen bei 200 °C auf der mittleren Schiebeleiste 20–25 Minuten backen.
Nach dem Backen für die Augen aus hartgekochtem Eiweiß (Scheiben) kleine runde Plättchen ausstechen. Die schwarzen Pupillen sind auf unserem Farbbild Trüffelstückchen, doch kann man diese natürlich durch irgendein anderes eßbares Material ersetzen, wie zum Beispiel Paprikastückchen oder Kapern.

Leberpastetchen in Briocheteig

Zutaten für 8–12 Pastetchen:

Für die Farce:

250 g Geflügelleber
150 g Schweineleber
350 g schieres (fett- und sehnenfreies) Schweinefleisch
350 g frischer Speck
abgeriebene Schale von ½ Orange (Schale unbehandelt)
½ Teel. eingelegte grüne Pfefferkörner
2 Teel. edelsüßes Paprikapulver
1 Messerspitze Ingwerpulver
1 Messerspitze gemahlenes Piment
1 Teel. gehacktes Basilikum
½ Teel. gehackter Thymian
½ Teel. Rosmarin
1 Lorbeerblatt
2 cl Armagnac
40 g frisches, entrindetes Weißbrot
50 g Schalotten
1 Knoblauchzehe
4 Eßl. Sahne · 1 Eiweiß
2 Teel. Salz

Für den Teig:

450 g Mehl
25 g frische Hefe
⅛ l lauwarme Milch
150 g Butter · 2 Eier
1 Teel. Salz · ½ Teel. Zucker

Außerdem:

Mehl zum Ausrollen
1 Eigelb zum Bestreichen

Für das Gelee:

0,4 l doppelte Kraftbrühe (Dose) oder entfettete Fleischbrühe
6 cl Portwein
15 g Aspikpulver oder weiße Gelatine

Zubereitungszeit: 3 Stunden
Marinierzeit: 3–4 Stunden oder über Nacht
Backzeit: 20–25 Minuten

Von den Lebern alle Häute und Adern sorgfältig entfernen. Es sollen insgesamt 300 g Leber übrigbleiben. Die Leber, das Schweinefleisch und den Speck, der keinerlei Schwartenreste haben darf, in Streifen schneiden und in ein flaches Gefäß schichten. Die Pfefferkörner zerdrücken. Das Fleisch mit der abgeriebenen Orangenschale und den Gewürzen bestreuen und mit dem Armagnac übergießen. Das Weißbrot in dünne Scheiben schneiden und darüber verteilen. Die Schalotten schälen und würfeln. Den Knoblauch schälen und zerdrücken. Die Brotscheiben mit den Schalottenwürfeln und dem Knoblauch bestreuen. Die Sahne mit dem Eiweiß verrühren und über die eingeschichteten Zutaten gießen. Mit Folie abdecken und mindestens 3–4 Stunden, besser noch über Nacht, im Kühlschrank durchziehen lassen.

Wenn alles gut durchgezogen ist, die ganze Mischung zweimal durch die feinste Scheibe des Fleischwolfs treiben oder in kleinen Portionen nacheinander in der Küchenmaschine zerkleinern. Die Schüssel mit der Farce in eine größere, mit Eis gefüllte Schüssel stellen und die Farce mit dem Kochlöffel glatt und glänzend rühren, dabei das Salz zufügen.

Das Mehl in eine Schüssel sieben. Die Hefe in der lauwarmen Milch unter Rühren auflösen. Die Butter schmelzen, abkühlen lassen und mit den Eiern, dem Salz und dem Zucker verrühren. Die aufgelöste Hefe mit der Buttermischung zum Mehl geben und davon einen glatten, trockenen Teig kneten. Sollte er zu fest sein, noch etwas Milch zugeben. Den Teig, mit einem Tuch bedeckt, bei Zimmertemperatur etwa 30 Minuten gehen lassen.

Den Teig 3–4 mm dick ausrollen und 8–12 Briocheförmchen damit auslegen. Die Farce einfüllen. Die Teigränder mit Eigelb bestreichen, einen gleich dicken Teigdeckel auflegen und die Ränder sorgfältig zusammendrücken. Überstehenden Teig abschneiden. Aus den Deckeln kleine Öffnungen für den Dampfabzug ausstechen. Die Pastetchen mit Teigornamenten garnieren und diese ebenfalls mit Eigelb bestreichen. Kamine aus doppelt gefalteter Alufolie einsetzen. Die Pastetchen bei Zimmertemperatur noch etwa 20 Minuten gehen lassen, dann im vorgeheizten Backofen bei 220 °C auf der mittleren Schiebeleiste 20–25 Minuten backen.

Die Leberpastetchen nach dem Backen vollständig erkalten lassen. Dann mit Portweingelee ausgießen (Rezept Seite 51, statt mit Madeira mit Portwein zubereitet).

Rissolen

Sie sind der ideale »Snack« für verschiedenste Gelegenheiten, aber auch eine traditionsreiche Vorspeise. Der Begriff wurde vermutlich vom französischen »rissoler« (braun backen) abgeleitet.
Ob mit Mürb- oder Briocheteig zubereitet, es werden meist runde Teigstücke von 10–12 cm Durchmesser ausgestochen, die man mit einem Kleinragout oder auch mit einer Farce füllt. Rissolen werden immer zu Halbmonden zusammengefaltet, mit Ei und Semmelbröseln paniert und schwimmend in Fett gebacken. Für die Füllungen gibt es nur wenige Standardrezepte, aber die Variationsmöglichkeiten sind ungeheuer vielfältig. Die Füllung sollte allerdings geschmacklich immer so kräftig sein, daß sie von dem panierten, in Fett gebackenen Teig nicht erdrückt wird. Hier eine Rissolenversion mit Lammfleisch-Curry-Füllung:

Zutaten für 10 Stück von 10 cm Durchmesser:

200 g Mehl
100 g Butter
1 Messerspitze Salz
1 Eiweiß
2–3 Eßl. Wasser

Für die Füllung:

2 Eßl. Öl
50 g Zwiebel
1 Knoblauchzehe
250 g Lammfleisch
½ Teel. Salz
2 Teel. Currypulver
1 Teel. Tomatenmark
½ Lorbeerblatt
½ Tasse Fleischbrühe
1 säuerlicher Apfel (170 g)

Außerdem:

Mehl zum Ausrollen
1 Eigelb zum Bestreichen
2 Eier und 60 g Semmelbrösel zum Panieren
Fett zum Ausbacken

Zubereitungszeit: 60–70 Minuten

Das Mehl auf die Arbeitsfläche sieben, in die Mitte eine Mulde drücken und die weiche Butter in groben Würfeln hineingeben. Das Salz, das Eiweiß und das Wasser zufügen. Die Butter mit den Fingern zerdrücken und mit Eiweiß und Wasser mischen. Dann das Mehl nach und nach so rasch wie möglich, aber sehr sorgfältig darunterarbeiten, damit sich die Zutaten gut miteinander verbinden. Dann den Teig möglichst schnell zusammenkneten, zu einer Kugel formen und, in Folie gewickelt, mindestens 1 Stunde im Kühlschrank ruhen lassen.
In der Zwischenzeit für die Füllung die Zwiebel schälen und würfeln. Die Knoblauchzehe schälen und zerdrücken. Das Öl in einer Pfanne erhitzen und die Zwiebelwürfel darin hell anschwitzen. Den Knoblauch zugeben. Das Lammfleisch in gleichmäßige, kleine Würfel schneiden, ebenfalls zugeben und unter Rühren anbraten. Mit dem Salz und dem Currypulver würzen, das Tomatenmark darunterrühren und das Lorbeerblatt zugeben, dann mit der Brühe aufgießen. Den Apfel schälen, vom Kernhaus befreien und in kleine Würfel schneiden. Zum Fleisch geben und die Mischung etwa 10 Minuten dünsten, dann erkalten lassen.
Den Teig auf der bemehlten Arbeitsfläche gleichmäßig 3–4 mm dick ausrollen und runde Platten von 10 cm Durchmesser ausstechen. Auf die Mitte jeweils 2–3 Eßlöffel der abgekühlten Füllung geben, den Rand mit verquirltem Eigelb bestreichen und die Teigstücke zur Hälfte zusammenklappen. Die Ränder gut zusammendrücken. Die 2 Eier verquirlen und die Rissolen darin wenden, anschließend in den Semmelbröseln wälzen. Die Panade gut andrücken und die Rissolen im heißen Fett (180 °C) schwimmend von jeder Seite in etwa 3 Minuten knusprig goldbraun backen.

Frühlingsrollen

Diese fernöstliche Spezialität ist geradezu ein Paradebeispiel dafür, wie vorzüglich man pikant gefüllte Gebäcke im schwimmenden Fett ausbacken kann. Die Zubereitung des Teiges ist allerdings schwierig, denn mit unseren Mitteln sind solche hauchdünnen, geschmeidigen Teigfladen kaum herzustellen. Zum Glück gibt es den Frühlingsrollenteig inzwischen in gut sortierten Lebensmittelabteilungen und auf alle Fälle in China-Läden tiefgefroren zu kaufen, zu 20 Stück abgepackt. Übrigens läßt sich die Füllung am leichtesten in einem »Wok«, dieser halbkugelförmigen chinesischen Bratpfanne, zubereiten. Aber eine entsprechend große normale Pfanne ist als Ersatz absolut tauglich.

Zutaten für 20 Stück:

1 Paket tiefgefrorene Frühlingsrollen (20 Stück)

Für die Füllung:

1 Bund Frühlingszwiebeln (etwa 250 g)
2 Knoblauchzehen
250 g Schweinefleisch
400 g Chinakohl
3 Eßl. Öl
1 Teel. frischer, geriebener Ingwer
200 g tiefgefrorene, geschälte Garnelen
¼ l Hühnerbrühe
200 g Bambusschößlinge
150 g frische Sojabohnenkeimlinge
½ Teel. Salz
2 Eßl. dunkle Sojasauce
1 Eßl. Austernsauce
1 Eßl. gehackte Petersilie (noch besser Koriandergrün)
etwas frisch gemahlener Pfeffer
2 Teel. Speisestärke
2 Eßl. Wasser

Außerdem:

eventuell Eiweiß zum Bestreichen
Fett oder Öl zum Ausbacken

Zubereitungszeit: 1 Stunde und 30 Minuten

Die Frühlingsrollen-Teigstücke auftauen lassen.
Für die Füllung die Frühlingszwiebeln putzen und feinschneiden. Die Knoblauchzehen schälen und zerdrücken. Das Schweinefleisch in ganz kleine Würfel schneiden oder auch durch die grobe Scheibe des Fleischwolfes drehen. Den Chinakohl waschen, abtropfen lassen und in ganz feine Streifen schneiden. Das Öl in einer großen Pfanne erhitzen. Die Zwiebeln, den Knoblauch und den Ingwer darin 2–3 Minuten anbraten. Das Gemüse so herausnehmen, daß das Fett möglichst in der Pfanne bleibt. In dem heißen Fett unter Rühren das Fleisch anbraten, bis es seine Farbe gewechselt hat. Dann die Garnelen dazugeben und 2–3 Minuten unter Rühren mitgaren. Den Chinakohl zufügen und mit der Hühnerbrühe übergießen. Unter Rühren noch 5–6 Minuten weitergaren. Die Bambusschößlinge in Streifen schneiden und mit den Sojabohnenkeimlingen in die Pfanne geben. Mit dem Salz, der Sojasauce, der Austernsauce, der Petersilie und Pfeffer würzen und einige Minuten unter Rühren weitergaren. Jetzt die angebratenen Frühlingszwiebeln mit Knoblauch und Ingwer wieder zugeben. Die Speisestärke mit dem kalten Wasser anrühren und über das Ganze gießen. Noch einige Minuten auf dem Herd weiterrühren; anschließend völlig abkühlen lassen.
Die Frühlingsrollenhüllen vorsichtig auseinandernehmen, auf eine Arbeitsfläche legen und jeweils 2 gehäufte Eßlöffel der Füllung daraufgeben. Die Teigränder mit Wasser oder Eiweiß bestreichen. Den Teig etwa zur Hälfte aufrollen, dann die Seiten einschlagen und vollständig aufrollen. Die Teigränder andrücken, damit beim Backen keine Füllung austreten kann. Das Fett oder Öl auf 180 °C aufheizen und die Frühlingsrollen darin möglichst nacheinander etwa 1½ bis 2 Minuten von jeder Seite backen. Noch warm servieren.
Dazu paßt eine helle Sojasauce oder auch eine pikante Ingwer- oder Chilisauce. Auch ein frischer Salat ist eine feine Ergänzung.

Feine Lebertorte

Eigentlich ist es eine Pastete. Mit einer runden Form läßt sich das Rezept aber etwas leichter zubereiten und gart als Torte auch schneller und gleichmäßiger durch.

Zutaten für eine Springform von 26 cm Durchmesser:
400 g Mehl
200 g Butter
¾ Teel. Salz
1 Eiweiß
5–6 Eßl. Wasser
Für die Füllung:
350 g schieres (fett- und sehnenfreies) Schweinefleisch
350 g Schweineleber
300 g frischer (ungeräucherter) Speck
Salz
1 Teel. edelsüßes Paprikapulver
etwas frisch gemahlener Pfeffer
1 Messerspitze gemahlenes Piment
1 Messerspitze Ingwerpulver
¼ Lorbeerblatt
½ Teel. gehackter Thymian
1 Eßl. Butter
1 Eßl. feingehackte Zwiebel
2 cl Cognac
Außerdem:
Mehl zum Ausrollen
1 Eigelb zum Bestreichen

Zubereitungszeit: etwa 2 Stunden und 30 Minuten

Backzeit: 45 Minuten

Das Mehl auf die Arbeitsfläche sieben und die weiche Butter in kleinen Stücken zugeben. Beides sorgfältig mit den Händen zerbröseln, so daß eine krümelige, ungleichmäßige Masse entsteht. Eine Mulde eindrücken, das Salz und das Eiweiß mit dem Wasser zufügen. Die Flüssigkeit zunächst unter einen Teil der Mehl-Butter-Mischung arbeiten. Dann alles von außen nach innen zusammenwirken, mit beiden Händen rasch zu einem Kloß formen und diesen kräftig verkneten, so daß sich die Zutaten gut miteinander verbinden. Im Kühlschrank zugedeckt 1 Stunde ruhen lassen.
Das Schweinefleisch, 150 g Leber und den Speck würfeln, in eine Schüssel geben, mit 1½ Teelöffeln Salz und den Gewürzen mischen. Im Kühlschrank sehr gut kühlen (der Speck kann auch tiefgefroren werden). Die gekühlten Zutaten zu einer Farce verarbeiten, wie im Rezept Wildpastete (Seite 51) beschrieben. Die restlichen 200 g Leber würfeln. Die Butter in einer Pfanne zerlaufen lassen und darin die feingehackte Zwiebel anschwitzen. Die Leberwürfel zugeben und etwa 2 Minuten unter ständigem Wenden anbraten. Mit dem Cognac übergießen, salzen, pfeffern und erkalten lassen. Dann unter die Fleischfarce rühren.

Bild 1: Die Hälfte des Teiges auf der bemehlten Arbeitsfläche gleichmäßig 3 mm dick ausrollen. Dabei ist ein Teigroller mit Abstandringen, wie auf dem Bild, sehr hilfreich.

Bild 2: Den Teig mit dem Teigroller aufnehmen und über der Form wieder abrollen. Den Rand mit Daumen und Zeigefinger gleichmäßig andrücken und etwas überstehen lassen.

Bild 3: Die Fleischfarce einfüllen und die Oberfläche glattstreichen.

Bild 4: Die zweite Hälfte des Teiges auf der bemehlten Arbeitsfläche zu einer runden Platte ebenfalls 3 mm dick ausrollen. Das Eigelb mit etwas Wasser verrühren und den Teigrand damit bestreichen. Die zweite Teighälfte über die Füllung legen und den Rand sorgfältig zukneifen. Überstehende Reste abschneiden.

Bild 5: Die Oberfläche mit Eigelb bestreichen. In der Mitte ein Loch einstechen und einen »Kamin« aus doppelt gefalteter Alufolie hineinstecken. Die Torte mit Teigornamenten garnieren und diese ebenfalls mit Eigelb bestreichen. Im vorgeheizten Backofen auf der mittleren Schiebeleiste bei 220 °C etwa 20 Minuten anbacken. Dann die Hitze auf 200 °C reduzieren und die Torte in 25 Minuten fertigbacken.

Bild 6: Die Torte in der Form erkalten lassen, dann erst herausnehmen und aufschneiden.

Lauchtorte

Zutaten für eine feuerfeste
Form von 24 cm Durchmesser:
200 g Mehl · 100 g Butter
1 Ei · 1 Prise Salz
Für die Füllung:
500 g Lauch (Porree), geputzt gewogen
200 g durchwachsener Räucherspeck
1 Eßl. Öl · Salz
frisch gemahlener schwarzer Pfeffer
3 Eier · ¼ l saure Sahne
1 Teel. gehackte Petersilie
Außerdem:
Mehl zum Ausrollen

Zubereitungszeit: 1 Stunde und 45 Minuten
Backzeit: 35–40 Minuten

Das Mehl auf die Arbeitsfläche sieben und in die Mitte eine Mulde drücken. Die weiche Butter in groben Stücken, das Ei und das Salz hineingeben. Die Butter mit den Fingern zerdrücken und mit Ei und Salz innerhalb der Mehlmulde verarbeiten. Dann das Mehl vom Rand her nach und nach unterwirken und alles mit einem großen Messer zu einer krümeligen Masse hacken. Zum Schluß mit den Händen rasch zu einem glatten Teig verkneten. Zu einer Kugel formen und, in Folie gewickelt, mindestens 1 Stunde im Kühlschrank ruhen lassen.
Für die Füllung den Lauch waschen und in Ringe schneiden. Den Speck würfeln und mit dem Öl in einer großen Pfanne glasig braten. Die Lauchringe zugeben und unter Rühren etwa 2 Minuten andünsten, mit Salz und Pfeffer würzen. Abkühlen lassen.
Den Teig auf der bemehlten Arbeitsfläche gleichmäßig 3 mm dick ausrollen und die Form damit auslegen. Den Boden mit einer Gabel mehrmals einstechen, damit der Teig beim Backen keine Blasen wirft. Die abgekühlte Füllung auf dem Mürbteigboden verteilen. Die Eier mit der sauren Sahne, etwas Salz und Pfeffer und der Petersilie verquirlen und über die Füllung gießen. Die Torte im vorgeheizten Backofen auf der mittleren Schiebeleiste bei 200 °C 35–40 Minuten backen. Heiß servieren.

Gemüsetorte

Ohne Abbildung

Zutaten für eine Form
von 26 cm Durchmesser:
250 g Grahammehl
120 g Butter
½ Teel. Salz
4–5 Eßl. Wasser
Für die Füllung:
100 g durchwachsener Räucherspeck
80 g Zwiebeln
250 g Lauch (Porree), geputzt gewogen
200 g Zucchini
200 g Auberginen
2 Eßl. Öl · ⅛ l Weißwein
3 Eier · ½ Teel. Salz
frisch gemahlener Pfeffer
1 Eßl. gehackte, gemischte Kräuter
⅛ l Sahne
Außerdem:
Mehl zum Ausrollen

Zubereitungszeit: 2 Stunden
Backzeit: 35–40 Minuten

Ein Vollkornteig ist die Basis für diese herzhafte Torte. Das Grahammehl mit der Butter, dem Salz und dem Wasser zu einem festen, aber knetbaren Teig zusammenarbeiten. Daraus eine Kugel formen und zugedeckt im Kühlschrank etwa 1 Stunde ruhen lassen.
Für die Füllung den Speck kleinwürfeln. Die Zwiebeln schälen und würfeln. Den Lauch und die Zucchini in Scheiben schneiden, die Auberginen in kleine Würfel schneiden. Das Öl erhitzen. Die Speckwürfel darin anbraten. Die Zwiebelwürfel zugeben und hell anlaufen lassen. Alles Gemüse zufügen, mit dem Wein übergießen und bei offenem Topf so lange garen, bis die Flüssigkeit verdampft ist. Die Eier mit den restlichen Zutaten verrühren und mit der abgekühlten Gemüsemischung vermengen.
Den Teig, wie nebenstehend beschrieben, ausrollen und damit die Form auslegen. Die Gemüsefüllung hineingeben und wie die Lauchtorte backen.

Kräuter-Quiche

Im Bild vorne

Für die Mürbteigböden der beiden folgenden pikanten Torten wird Grahammehl verwendet, das einen besonders knusprigen und mürben Teig ergibt.

Zutaten für eine Springform von 24 cm Durchmesser:
200 g Grahammehl
100 g Butter
¼ Teel. Salz
4 Eßl. Wasser
Für die Füllung:
200 g durchwachsener Räucherspeck
150 g geriebener Emmentaler Käse
4 Eier
¼ l frische Sahne
¼ Teel. Salz
frisch gemahlener Pfeffer
2–3 Eßl. frische, gehackte Kräuter (Petersilie, Basilikum und etwas Thymian)
Außerdem:
Mehl zum Ausrollen

Zubereitungszeit: 1 Stunde und 30 Minuten
Ruhezeit: 1–2 Stunden
Backzeit: 35 Minuten

Das Grahammehl auf die Arbeitsfläche geben und in die Mitte eine Mulde drücken. Die gewürfelte Butter, das Salz und zunächst 2 Eßlöffel Wasser hineingeben. Alles rasch zu einem glatten Mürbteig verkneten. Wenn nötig, das restliche Wasser nach und nach zugeben. Den Teig, mit Folie abgedeckt, im Kühlschrank mindestens 1–2 Stunden ruhen lassen.
Für die Füllung den Räucherspeck in Würfel schneiden. In einer Schüssel mit dem geriebenen Käse, den Eiern, der Sahne, dem Salz und Pfeffer sowie den gehackten Kräutern mischen.
Den Teig auf der bemehlten Arbeitsfläche möglichst gleichmäßig dick zu einer Platte von 35–40 cm Durchmesser ausrollen. Die Form damit auslegen, den Boden mit einer Gabel mehrmals einstechen, damit der Teig beim Backen keine Blasen wirft. Überstehenden Teigrand abschneiden und die Eier-Speck-Masse einfüllen. Die Oberfläche glattstreichen. Die Quiche im vorgeheizten Backofen bei 200 °C auf der mittleren Schiebeleiste 35 Minuten backen.

Tomatentorte

Im Bild hinten

Zutaten für eine Springform von 24 cm Durchmesser:
200 g Grahammehl
100 g Butter
¼ Teel. Salz
4 Eßl. Wasser
Für die Füllung:
500 g Tomaten
4 Eier
¼ l Sahne
frisch gemahlener weißer Pfeffer
¼ Teel. Salz
1 Eßl. Semmelbrösel
1 Eßl. frische Basilikumblätter
Außerdem:
Mehl zum Ausrollen

Zubereitungszeit: 1 Stunde und 30 Minuten
Backzeit: 35–40 Minuten

Den Teig wie beim vorangegangenen Rezept »Kräuter-Quiche« zubereiten und kühlen.
Die Tomaten in Scheiben schneiden. Aus den Eiern, der Sahne, Pfeffer und dem Salz einen Guß rühren.
Den Teig auf der bemehlten Arbeitsfläche gleichmäßig dick ausrollen und die Form damit auslegen. Mehrmals mit einer Gabel einstechen und dann mit den Semmelbröseln ausstreuen. Die Tomatenscheiben überlappend und die etwas zerzupften Basilikumblätter dazwischen in die Form schichten. Den Guß darübergeben. Die Torte im vorgeheizten Backofen bei 200 °C auf der mittleren Schiebeleiste in 35–40 Minuten hellbraun backen.

Griechische Spinattorte

Spanakopitta

Wer den Geschmack schwarzer Oliven mag, kann diese würzige vegetarische Pastete aus Griechenland noch damit ergänzen (½ Tasse, feingehackt). Eine vornehmere Variante dieses Gemüsekuchens wird mit Pastetenmürbteig gebacken. Ihren ganz typischen, deftigen Geschmack entfaltet die Spanakopitta aber erst, wenn sie mit Brotteig oder wie beim nachfolgenden Rezept mit einem Hefeteig mit Vollkornmehl gebacken wird.

Zutaten für eine runde Form von etwa 30 cm Durchmesser:

300 g Mehl
150 g Weizenvollkornmehl
30 g frische Hefe
0,2 l lauwarmes Wasser
1 Ei
1 Teel. Salz
3 Eßl. Olivenöl

Für die Füllung:

1 kg Spinat
2 Zwiebeln
1 Knoblauchzehe
½ Tasse Olivenöl
etwas Salz, Pfeffer und geriebene Muskatnuß
2 Bund Dill
300 g Feta-Käse

Außerdem:

Mehl zum Ausrollen
1 Eigelb zum Bestreichen
Fett für die Form

Zubereitungszeit: 1 Stunde und 30 Minuten
Backzeit: 40–45 Minuten

Die beiden Mehlsorten in einer Schüssel mischen und eine Vertiefung eindrücken. Die Hefe hineinbröckeln und mit dem lauwarmen Wasser auflösen. Diesen Vorteig 10 Minuten gehen lassen. Das Ei, das Salz und das Olivenöl zugeben und alles zu einem festen, aber geschmeidigen Teig schlagen. Den Teig zugedeckt gehen lassen.
Den Spinat verlesen, waschen, sehr gut trockenschütteln und grobhacken. Die Zwiebeln schälen und feinwürfeln, den Knoblauch schälen und zerdrücken. Das Öl in einer großen Kasserolle erhitzen. Die Zwiebelwürfel darin glasig anschwitzen. Die zerdrückte Knoblauchzehe und den Spinat zugeben und einige Minuten dünsten, bis der Spinat zusammengefallen ist. Vorsichtig salzen (da der Käse oft recht salzig ist), mit Pfeffer und Muskat würzen. Den Dill hacken und mit dem zerbröckelten Feta-Käse untermischen. Abkühlen lassen.
⅔ des Teiges ausrollen, die gefettete Form damit auslegen und den Rand etwa 1 cm überstehen lassen. Den Boden mit einer Gabel mehrmals einstechen und den abgekühlten Spinat einfüllen. Den Teigrand mit verquirltem Eigelb bestreichen. Den restlichen Teig ausrollen und die Pastete damit abdecken. Den Rand mit Daumen und Zeigefinger fest zusammendrücken und die überstehenden Teile abschneiden. Die Oberfläche mit Eigelb bestreichen und aus den Teigresten eine Garnierung anbringen. In der Mitte ein Loch für den Dampfabzug ausstechen. Die Pastete noch 15–20 Minuten gehen lassen. Dann im vorgeheizten Backofen bei 210 °C auf der mittleren Schiebeleiste 40–45 Minuten backen.

Variante: Wer nicht unbedingt ganz vegetarisch essen will, der kann 200 g durchwachsenen Räucherspeck feinwürfeln und damit anstatt des Olivenöles die Zwiebeln anschwitzen. Die Füllung dann wie beim nebenstehenden Rezept zubereiten, jedoch den gehackten Dill durch gehackte Petersilie ersetzen.

Empanada mit Meeresfrüchten

Empanadas heißen in Spanien beliebte Pasteten. Sie sind ein pikantes, volkstümliches Gebäck. Es gibt sehr verschiedene Rezepte, so werden sie teilweise mit schlichtem Brotteig gebacken, aber auch mit Blätterteig. Weit beliebter als im spanischen Mutterland sind die Empanadas noch in der Neuen, spanisch sprechenden Welt.

Zutaten für eine Springform von 30 cm Durchmesser:

550 g Mehl
30 g frische Hefe
⅛ l lauwarme Milch
⅛ l lauwarmes Wasser
50 g Butter
1 Ei
1 Teel. Salz

Für die Füllung:

500 g Calamaris (Tintenfische)
1 kg Miesmuscheln
Salz
500 g gekochte Garnelen mit Schale
150 g Zwiebeln
2 Knoblauchzehen
1 grüne Paprikaschote
1 rote Paprikaschote
2 kleine Chilischoten
3 Eßl. Olivenöl
400 g Tomaten
½ Teel. gehackter Thymian

Außerdem:

Mehl zum Ausrollen
1 Eigelb und etwas Wasser oder Milch zum Bestreichen
2 Eßl. gehackte Petersilie, grobes Salz und grob gestoßener grüner Pfeffer zum Bestreuen

Zubereitungszeit: 2 Stunden und 30 Minuten
Backzeit: etwa 30 Minuten

Einen trockenen Hefeteig, wie im Grundrezept auf Seite 9 beschrieben, zubereiten und gehen lassen. Von den Tintenfischen unter fließendem Wasser die Haut möglichst sorgfältig entfernen, dann den Kopf aus dem Rumpf ziehen, diesen umstülpen und in Ringe schneiden. Vom Kopf nur den vorderen Teil, nämlich die Fangarme, verwenden und die kleinen Beißwerkzeuge herauslösen. Die Miesmuscheln sorgfältig waschen (offene Muscheln wegwerfen!) und in sprudelndem Salzwasser kochen, bis sie sich geöffnet haben. Herausnehmen und aus den Schalen lösen. Von den Garnelen den Rumpf abtrennen und die Schwänze von der Schale befreien.
Die Zwiebeln schälen und feinhacken. Den Knoblauch schälen und zerdrücken. Die Paprikaschoten entkernen und würfeln. Die Chilischoten sehr fein schneiden. Das Olivenöl in einer entsprechend großen Pfanne erhitzen, die Zwiebeln und den Knoblauch darin hell anschwitzen. Die Paprikawürfel und die feingeschnittenen Chilischoten zugeben. 2–3 Minuten bei guter Hitze dünsten. Die Tomaten brühen, abziehen, von den Kernen befreien, würfeln und in die Pfanne geben. 1 Teelöffel Salz und den Thymian zugeben und das Gemüse bei Mittelhitze dünsten, bis es vollständig zerfallen ist. Die Tintenfische zugeben und 2–3 Minuten mitdünsten. Die Muscheln und Garnelen unterrühren, sofort vom Herd nehmen und abkühlen lassen.
Gut die Hälfte des Hefeteiges auf der bemehlten Arbeitsfläche dünn ausrollen und damit die Form auslegen. Den Teig am Rand etwas überstehen lassen. Die abgekühlte Meeresfrüchtemischung einfüllen, die Oberfläche glattstreichen und mit der Petersilie bestreuen. Den restlichen Hefeteig ebenfalls dünn ausrollen. Das Eigelb mit etwas Wasser oder Milch verrühren und den Teigrand damit bestreichen. Die zweite Teigplatte darüberlegen und am Rand fest andrücken. Überstehenden Teig abschneiden, nochmals zusammenwirken und zu einem Streifen dünn ausrollen. Mit dem Teigrädchen davon etwa ½ cm breite Streifen schneiden. Die Oberfläche der Pastete mit Eigelb bestreichen und aus den Streifen ein Gitter auflegen. Dieses ebenfalls mit Eigelb bestreichen, grobes Salz und grünen Pfeffer darüberstreuen. Die Oberfläche mehrmals mit einer Gabel einstechen. Etwa 10 Minuten ruhen lassen. Bei 220 °C im vorgeheizten Backofen auf der mittleren Schiebeleiste in etwa 30 Minuten schön hellbraun backen. Warm servieren.

Gemüsetörtchen

Zutaten für 6 Torteletts von 10–12 cm Durchmesser:
250 g Mehl
125 g Butter
1 Messerspitze Salz
1 Ei
1–2 Eßl. Wasser
Für die Füllung:
1 Zwiebel
1–2 Knoblauchzehen
1 rote Paprikaschote
1 gelbe Paprikaschote
500 g Zucchini
2 Eßl. Öl
1 Eßl. gehackte Kräuter (Petersilie, Thymian und Basilikum)
etwas Salz und Pfeffer
Für die Béchamelsauce:
20 g Butter · 10 g Mehl
¼ l Sahne
100 g geriebener Käse
etwas Salz, Pfeffer und geriebene Muskatnuß
Außerdem:
Mehl zum Ausrollen
Hülsenfrüchte zum »Blindbacken«
Petersilie zum Garnieren

Zubereitungszeit: 2 Stunden und 30 Minuten
Backzeit: 25–30 Minuten

Das Mehl auf die Arbeitsfläche sieben und die weiche Butter in kleinen Stücken zugeben. Beides sorgfältig mit den Händen zerbröseln, so daß eine sehr krümelige, ungleichmäßige Masse entsteht. Eine Mulde hineindrücken, das Salz, das Ei und das Wasser hineingeben. Die Flüssigkeit zunächst unter einen Teil der Mehl-Butter-Mischung arbeiten, dann den gesamten Teig von außen nach innen zusammenwirken. Mit beiden Händen rasch zu einem Kloß formen und kräftig kneten, damit sich die Zutaten gut miteinander verbinden. In Folie wickeln und mindestens 1 Stunde im Kühlschrank ruhen lassen.
In der Zwischenzeit die Zwiebel und die Knoblauchzehen schälen und feinhacken, die Paprikaschoten entkernen und würfeln, die Zucchini in Scheiben schneiden. Das Öl in einer Pfanne erhitzen, Zwiebeln und Knoblauch darin glasig braten, dann die Paprikawürfel und die Zucchinischeiben zugeben und unter Rühren 2–3 Minuten dünsten. Die gehackten Kräuter untermischen. Mit Salz und Pfeffer würzen. In einer Schüssel abkühlen lassen.
Für die Sauce die Butter in einer Kasserolle bei mäßiger Hitze aufschäumen lassen. Das Mehl darüberstreuen und unter Rühren anschwitzen, aber nicht bräunen. Mit der Sahne aufgießen und durchkochen lassen. Vom Herd nehmen, den Käse einrühren und mit Salz, Pfeffer und Muskat abschmecken. Ebenfalls abkühlen lassen.

Bild 1: Den Teig auf der bemehlten Arbeitsfläche gleichmäßig 3 mm dick ausrollen. Runde Platten von 16–18 cm Durchmesser ausstechen und in die Förmchen legen.

Bild 2: Aus einem Stück Teigabfall eine »Quaste« drehen und in Mehl tauchen. Damit den Teig von der Mitte aus gut an den Förmchenrand drücken; überstehenden Teig abschneiden.

Bild 3: Den Teig am Boden mehrmals mit einer Gabel einstechen. Um zu verhindern, daß der Teig beim Vorbacken ohne Füllung vom Rand nach unten rutscht, wird eine »Ersatzfüllung« hineingegeben. Dazu in jedes Förmchen ein genügend großes Stück Pergamentpapier legen und mit getrockneten Hülsenfrüchten auffüllen. Die Torteletts im vorgeheizten Backofen bei 220 °C auf der mittleren Schiebeleiste etwa 10 Minuten vorbacken. Der Teig soll noch hell sein, weil er beim Backen mit der Füllung nachdunkelt.

Bild 4: Nach dem Backen die Hülsenfrüchte mit dem Papier herausheben und die Förmchen etwas abkühlen lassen.

Bild 5: Das gedünstete Gemüse in die Torteletts verteilen. Darauf jeweils 2–3 Eßlöffel Béchamelsauce geben. Bei 220 °C in 15–20 Minuten fertigbacken.

Bild 6: Die fertigen Torteletts möglichst heiß aus den Förmchen nehmen, mit Petersilie garnieren und sofort servieren.

Garnelentörtchen

Schal- oder Krustentiere sind eine sehr feine Füllung für pikante Törtchen. Besonders gut geeignet sind dafür die kleinen Sorten, wie Sandgarnelen aus der Nordsee (Nordseekrabben) oder die besonders wohlschmeckenden Tiefseegarnelen (meist Grönland-Shrimps). Sie werden gekocht und tiefgefroren in der Schale oder auch bereits fertig geschält angeboten, so daß man keine Mühe mit der Vorbereitung hat. Die Größe sollte man nach dem Verwendungszweck wählen, je nachdem, ob sie als Vorspeise, kleine Zwischenmahlzeit oder als Häppchen zum Wein gereicht werden sollen.

Zutaten für 8 Förmchen
von 10 cm Durchmesser:
270 g Mehl
125 g Butter
1 Ei
¼ Teel. Salz
1–2 Eßl. Wasser
Für die Füllung:
¼ l feine Fisch- oder Hühnerbrühe
2 Schalotten (ersatzweise 40–50 g milde Zwiebel)
200 g frische Champignons
30 g Butter
etwas Salz und frisch gemahlener Pfeffer
3 Eier
⅛ l Sahne
400 g geschälte Garnelen
1 Eßl. gehackte Petersilie
Außerdem:
Mehl zum Ausrollen
Hülsenfrüchte zum »Blindbacken«
gehackte Petersilie

Zubereitungszeit: etwa 2 Stunden
Ruhezeit: etwa 2 Stunden
Backzeit: etwa 25 Minuten

Das Mehl auf die Arbeitsfläche sieben und in die Mitte eine Vertiefung drücken. Die etwas weiche Butter, das Ei, das Salz und das Wasser hineingeben und alles rasch zu einem glatten Mürbteig verkneten. Den Teig in Folie wikkeln, um ihn vor dem Austrocknen zu schützen, und etwa 2 Stunden im Kühlschrank ruhen lassen.
Wenn man zufällig Fischbrühe vorrätig hat, dann ist dies natürlich ideal für die Füllung, aber auch eine feine Hühnerbrühe läßt sich sehr gut verwenden. Die Brühe bei sehr geringer Hitze langsam auf ⅛ Liter einkochen und abkühlen lassen. Die Schalotten schälen und sehr fein hacken. Die Champignons putzen, die Huthaut abziehen und die Pilze ebenfalls feinhacken. In einer entsprechend großen Pfanne die Butter zerlassen und die feingehackten Schalotten darin hell anlaufen lassen. Die Champignons zu den Schalotten geben und bei geringer Hitze 4–5 Minuten dünsten. Vom Herd nehmen und mit Salz und Pfeffer sehr mild würzen, falls die reduzierte Brühe schon salzig ist. Die Eier und die Sahne darunterrühren und dann die Garnelen sowie die gehackte Petersilie zusetzen.
Den Teig auf einer bemehlten Arbeitsfläche 2–3 mm dick ausrollen. 8 runde Platten von 13–14 cm Durchmesser ausstechen oder ausschneiden und die Förmchen damit auslegen. Dabei sehr vorsichtig zu Werke gehen, damit der Teig nicht reißt und sich am Rand der Förmchen anlegt. Zwischen Daumen und Zeigefinger den Rand dann kräftig andrücken und den überstehenden Teig abschneiden.
Diese Mürbteigtörtchen müssen nun »blind« gebacken werden, wie auf Seite 73 beschrieben. (Die Hülsenfrüchte können übrigens mehrere Male dafür verwendet werden.) Die Garnelenmischung in die vorgebackenen Törtchen einfüllen und die Törtchen auf der mittleren Schiebeleiste wieder in den Ofen schieben und bei 220 °C etwa 10 Minuten backen. Die Oberfläche soll schön hellbraun sein. Falls beim Bewegen der Törtchen noch Flüssigkeit austritt, muß man sie einige Minuten weiterbacken, bis die Füllung vollständig gestockt ist. Mit gehackter Petersilie bestreuen und sofort warm servieren, damit die Füllung nicht zu fest wird.
Die Garnelentörtchen eignen sich nicht zum Aufbacken.

Pilztörtchen

Am besten schmecken sie natürlich mit Steinpilzen, aber diese haben leider nur eine sehr kurze Saison und sind reichlich teuer. Aber vielleicht erbeutet man sie einmal bei einem Streifzug durch die Wälder, der Geschmack ist jedenfalls unvergleichlich. Doch auch mit Champignons oder Egerlingen, beide Sorten sind fast rund ums Jahr zu haben, schmecken diese Törtchen hervorragend.
Man kann sie übrigens auch mit einem gesalzenen Mürbteig zubereiten, doch wenn sie warm serviert werden sollen, ist Hefeteig weit besser geeignet.

Zutaten für 4 Förmchen
von je etwa 10 cm Durchmesser:
250 g Mehl
20 g frische Hefe
⅛ l lauwarme Milch
etwas Salz
50 g Butter
Für die Füllung:
80 g Zwiebeln
1 kleine Knoblauchzehe
800 g braune Champignons
(Egerlinge)
50 g Butter
Salz
frisch gemahlener weißer
Pfeffer
½ Teel. getrockneter Thymian
1 Teel. Zitronensaft
200 g gekochter Schinken
⅛ l Sahne
3 Eier
1 Bund Schnittlauch
Außerdem:
Mehl zum Ausrollen
Fett für die Förmchen

Zubereitungszeit: 2 Stunden
Backzeit: 40–45 Minuten

Das Mehl in eine Schüssel sieben, in die Mitte eine Vertiefung drükken und die Hefe hineinbröckeln. Die Milch mit der Hefe zu einem glatten Vorteig rühren. Mit einem Tuch bedecken und an warmem Platz etwa 15 Minuten gehen lassen. Danach das Salz darübergeben und die flüssige, aber nicht heiße Butter zufügen. Den Teig mit einem Kochlöffel schlagen, bis er geschmeidig ist, dann wieder bedeckt 15 Minuten gehen lassen.
In der Zwischenzeit für die Füllung die Zwiebeln schälen und feinhacken, ebenso die Knoblauchzehe. Die Champignons putzen, die Huthaut abziehen und die Pilze in Scheiben schneiden. Die Butter in einer großen Pfanne zerlassen, die Zwiebel- und Knoblauchwürfel darin glasig braten. Die Pilze dazugeben und bei starker Hitze und ständigem Wenden 3–4 Minuten braten. Von der Kochstelle nehmen, mit ½ Teelöffel Salz, Pfeffer und dem Thymian würzen. Den Zitronensaft zugeben. Den Schinken feinwürfeln und darunterrühren. Die Sahne mit den Eiern sowie Salz und Pfeffer verrühren.
Den Hefeteig auf einer bemehlten Arbeitsfläche 5 mm dick ausrollen und 2 × teilen. Die Förmchen mit etwas Fett auspinseln. Je 1 Teigplatte in ein Förmchen legen und mit den Fingerkuppen am Rand andrücken. Eventuell überstehenden Teig abschneiden. Die Champignonfüllung in die Förmchen verteilen und die Eisahne darübergießen. Den Schnittlauch feinschneiden und die Hälfte über die Füllung streuen. Die Törtchen im vorgeheizten Backofen auf der mittleren Schiebeleiste bei 200 °C 40–45 Minuten backen.
Zum Servieren den restlichen Schnittlauch darüberstreuen.
Mit einem frischen Salat sind die Pilztörtchen ein feines Abendessen.

Torten und Törtchen

Frischkäsetorte

Pikante Torten dieser Art sollten, wie süße Sahnetorten, erst kurz vor dem Servieren zubereitet werden. Man kann allerdings die Blätterteigböden schon am Tag zuvor backen und kurz vor dem Füllen im Ofen kurz aufbacken, damit sie wieder knusprig werden.

Zutaten für eine Torte
von 26 cm Durchmesser:

300 g tiefgefrorener Blätterteig

Für die Füllung:

750 g Frischkäse
etwa 100 g Sahne
1 Teel. Salz
2 Teel. Zitronensaft
etwas frisch gemahlener weißer Pfeffer
100 g kleine rote Paprikaschotenwürfel
1 Eßl. feingehackte Zwiebel
1 Eßl. edelsüßes Paprikapulver
50 g kleine grüne Paprikaschotenwürfel
1 Eßl. gemischte, gehackte Kräuter
5 grüne Oliven
½ Knoblauchzehe
2 Teel. Kapern

Zum Garnieren:

50 g gehobelte, geröstete Mandeln
einige gefüllte Oliven
1 gekochte Möhre
Petersilie
Piri-Piri (kleine eingelegte Chilischoten)

Zubereitungszeit: 2 Stunden und 30 Minuten
Backzeit: 12–15 Minuten

Den Blätterteig in grobe Stücke schneiden und dann kurz zusammenkneten, damit er beim Backen nicht zu stark aufgeht (siehe auch Seite 18). Den Teig in 3 gleichgroße Stücke teilen, zu runden Kugeln drehen und auf der bemehlten Arbeitsfläche 3 gleichmäßig dicke, runde Teigplatten von 26 cm Durchmesser ausrollen. Damit sich die Teigplatten beim Backen nicht zusammenziehen, das Backblech jeweils mit Pergamentpapier auslegen und darauf die Teigplatte. Die Platten dann mit einer Gabel mehrmals einstechen, damit der Teig möglichst keine großen Blasen wirft, und nach etwa 15 Minuten Ruhezeit im vorgeheizten Backofen bei 220 °C auf der mittleren Schiebeleiste 12–15 Minuten backen.
Den Frischkäse mit dem Schneebesen oder Handrührgerät in einer entsprechend großen Schüssel schaumig rühren. Die Sahne in einer zweiten Schüssel halb steif schlagen und unter den schaumig gerührten Frischkäse rühren. Da die einzelnen Frischkäsesorten von sehr unterschiedlicher Konsistenz sind, kann es möglich sein, daß weniger Sahne als angegeben verwendet werden muß, aber auch unter Umständen weit mehr. Die Konsistenz der Creme sollte jedenfalls einer sehr steif geschlagenen Sahne ähnlich sein. Zum Schluß mit dem Salz, dem Zitronensaft und Pfeffer würzen.
Für die erste Füllung ⅓ der Frischkäsecreme in eine Schüssel geben. Die roten Paprikawürfel, die feingehackte Zwiebel, das Paprikapulver unter die Creme rühren. Damit den ersten Blätterteigboden gleichmäßig bestreichen. Den zweiten Blätterteigboden darauflegen.
Für die zweite Füllung ein zweites Drittel der Käsecreme abnehmen und mit den grünen Paprikawürfeln sowie den gehackten Kräutern mischen. Die Oliven kleinhacken, die Knoblauchzehe zerdrücken und die Kapern ebenfalls hacken. Alles unter die zweite Füllung mischen. Diese auf die Torte streichen und mit dem letzten Blätterteigboden abdecken. Die Torte dünn mit Frischcreme vom letzten Drittel einstreichen. Mit einem Tortenmesser auf der Oberfläche 16 Stücke markieren. Restliche Creme in einen Spritzbeutel mit Sterntülle (Nr. 7) füllen und damit die Torte, wie auf dem Bild ersichtlich, verzieren. Den Rand mit den gerösteten Mandelblättchen einstreuen. Restliche Mandeln auf der Tortenoberfläche in die Mitte streuen. Die einzelnen Stücke mit Möhren- und Olivenscheiben, Petersilie und Chilischoten garnieren.

Königin-Pastetchen

Man kann die gebackenen Pastetchen ungefüllt trocken aufbewahren oder einfrieren. Bei Bedarf werden sie kurz in den Ofen geschoben.

Zutaten für 4 Portionen:
600 g tiefgefrorener Blätterteig im Block (keine Platten)
Außerdem:
Mehl zum Ausrollen
1 Eigelb zum Bestreichen
Für das Ragout:
20 g Butter
20 g feine Zwiebelwürfel
20 g Mehl
½ l kalte, entfettete Geflügelbrühe
⅜ l Sahne · Salz
frisch gemahlener weißer Pfeffer
250 g frische Champignons
etwa 3½ Eßl. Zitronensaft
300 g gekochtes Kalb- oder Geflügelfleisch
1 Teel. Worcestersauce
Petersilie

Zubereitungszeit: etwa 2 Stunden
Backzeit: 15–20 Minuten

Den Blätterteig auftauen lassen.

Bild 1: Die beiden Blätterteigblöcke aufeinanderlegen und auf der bemehlten Arbeitsfläche zu einem Quadrat 23 × 23 cm ausrollen. Mit zwei Ausstechern von 7 cm und 4,5 cm Durchmesser 9 Ringe ausstechen. Die Ausstecher müssen scharf sein, sonst wird der Teig zusammengedrückt.

Bild 2: Die Teigreste zusammendrücken und etwa 2 mm dick ausrollen. 9 Böden von 7 cm Durchmesser ausstechen und auf ein mit Wasser benetztes Backblech legen. Das Eigelb mit etwas Wasser verquirlen und die Oberfläche der Ringe vorsichtig damit bestreichen. Es darf nicht über den Rand laufen, da der Teig sonst an dieser Stelle zusammenklebt und die Pastete beim Backen schief aufgeht. Die Ringe mit der bestrichenen Seite nach unten auf die Böden legen und andrücken.

Bild 3: Die Böden mit einer Gabel mehrmals einstechen, damit sie beim Backen keine Blasen werfen. Die Oberfläche der Ringe vorsichtig mit Eigelb bestreichen.

Bild 4: Alufolie zwei- oder dreifach falten und die Streifen zu Hülsen drehen. Auf die Böden setzen. Sie sollen am Teiginnenrand gut anliegen.

Bild 5: Die Teigreste nochmals 2–3 mm dick ausrollen und mit einem gezackten Ausstecher von 6 cm Durchmesser 9 Deckel ausstechen. Mit Eigelb bestreichen und mit einer Gabel ein Muster hineindrücken. Pastetchen und Deckel mindestens 15 Minuten ruhen lassen. Dann im vorgeheizten Backofen bei 240 °C 5 Minuten anbacken. Bei Backbeginn ½ Tasse Wasser auf den Ofenboden schütten und die Tür sofort schließen. Nach 5 Minuten die Hitze auf 210 °C reduzieren und die Pastetchen in 10–15 Minuten fertigbacken (mittlere Schiebeleiste).
Die Butter erhitzen und die Zwiebelwürfel darin glasig braten. Mit dem Mehl bestauben und rasch unterrühren. 5 Minuten hell anschwitzen. Die kalte Brühe löffelweise zugeben und mit dem Schneebesen gut unterrühren. Durchkochen lassen, dabei immer wieder den Schaum abschöpfen. Etwa die Hälfte der Sahne in einem zweiten Topf unter Rühren dickflüssig einkochen, dann durch ein Haarsieb in die Sauce gießen. Nochmals durchkochen lassen, mit Salz und Pfeffer abschmecken und durch ein Tuch passieren.
Die Champignons putzen. Wasser mit 3 Eßlöffeln Zitronensaft zum Kochen bringen und die Champignons darin 5 Minuten garen. Abtropfen lassen und vierteln. Die Geflügelsauce aufkochen und die restliche, ebenfalls dickflüssig eingekochte und passierte Sahne zugießen. Unter Rühren einkochen lassen, bis die Sauce sämig ist. Das Fleisch würfeln. Die Sauce mit der Worcestersauce und Zitronensaft abschmecken, die Pilze und die Fleischwürfel hineingeben und erhitzen, nicht kochen.

Bild 6: 4 Pastetchen mit dem Ragout füllen. Die Deckel daraufsetzen, mit Petersilie garnieren und sofort servieren.

Pastetchen mit Garnelenragout

Im Bild vorne und hinten

Zutaten für 4 Portionen:
10 g Butter
10 g feine Zwiebelwürfel
10 g Mehl
¼ l kalter Fischfond
(ersatzweise Hühnerbrühe)
8 cl Sahne · Salz
frisch gemahlener weißer Pfeffer
250 g frische Garnelenschwänze
je ½ Bund Petersilie und Dill
75 g frische, kleine Champignons
2 Eßl. Zitronensaft
1 Eßl. Krebsbutter
1 Messerspitze Cayennepfeffer
1 Prise Zucker
4 Blätterteigpastetchen
(Rezept Seite 81)

Zubereitungszeit: 60–70 Minuten

Die Butter erhitzen und die Zwiebelwürfel darin glasig braten lassen. Das Mehl darüberstauben und rasch unterrühren. 5 Minuten hell anschwitzen. Den kalten Fischfond löffelweise zugeben und mit dem Schneebesen gut unterrühren. Gut durchkochen lassen, dabei immer wieder abschöpfen. Die Sahne dickflüssig einkochen und durch ein Haarsieb in die Sauce gießen. Diese Fischvelouté nochmals durchkochen lassen, mit Salz und Pfeffer abschmecken und durch ein Tuch passieren.

Die Garnelenschwänze unter kaltem Wasser gründlich waschen. Salzwasser mit der Petersilie und dem Dill zum Kochen bringen und die Garnelenschwänze darin in etwa 10 Minuten garziehen lassen. Die Champignons putzen. Etwas Wasser mit 1 Eßlöffel Zitronensaft zum Kochen bringen und die Champignons darin 5 Minuten garen. Die Garnelenschwänze aus dem Sud nehmen und auslösen. Die Fischvelouté aufkochen und mit einem Schneebesen die Krebsbutter unterrühren. Mit dem Cayennepfeffer, 1 Eßlöffel Zitronensaft und dem Zucker abschmecken. Das Garnelenfleisch und die abgetropften, halbierten Pilze hineingeben und nochmals erhitzen, aber nicht kochen lassen.

Die Blätterteigpastetchen im vorgeheizten Backofen bei mindestens 200 °C 2–3 Minuten aufbakken, bis sie heiß sind. Das Garnelenragout hineinfüllen und die Pastetchen sofort servieren.

Pastetchen mit Kalbsbriesragout

Im Bild in der Mitte

Zutaten für 4 Portionen:
400 g Kalbsbries · Salz
das Weiße von 1 Stange
Lauch (Porree)
1 Zwiebel, mit 2 Nelken gespickt
1 Lorbeerblatt · 40 g Butter
5–6 Eßl. Portwein
¼ l Kalbsjus (Fertigprodukt)
25 g Schalotten · ¼ l Sahne
frisch gemahlener weißer Pfeffer
4 Blätterteigpastetchen
(Rezept Seite 81)

Zubereitungszeit: 60–70 Minuten

Das Kalbsbries in einer Schüssel unter fließendes Wasser stellen, bis es ganz weiß ist. Die Häutchen entfernen. Das Bries in lauwarmes Wasser geben, zum Kochen bringen, wieder abgießen und in kaltes Wasser legen. In frischem Salzwasser erneut zum Kochen bringen. Den Lauch in Stücke schneiden, mit der gespickten Zwiebel und dem Lorbeerblatt zum Bries geben, sobald das Wasser kocht. 5 Minuten kochen lassen. Das Bries in der Brühe erkalten lassen. Von restlichen Häutchen befreien und in kleine Stücke zupfen. In 30 g Butter bei großer Hitze von allen Seiten kurz braten. Mit 4 Eßlöffeln Portwein ablöschen, ⅛ l Kalbsjus dazugießen und unter Rühren auf die Hälfte reduzieren. Die Schalotten schälen, feinhakken und in 10 g Butter hell anschwitzen, mit 1–2 Eßlöffeln Portwein und ⅛ l Kalbsjus auf- und etwas einkochen lassen. Die dickflüssig eingekochte und passierte Sahne zufügen. Die Sauce unter ständigem Rühren reduzieren, bis sie sämig ist, salzen, pfeffern und durchpassieren. Das Bries hineingeben und nochmals erhitzen, aber nicht kochen lassen. Die Blätterteigpastetchen aufbacken und füllen, wie nebenstehend beschrieben.

Herzhafte Eiertorte

Im Bild hinten

Zutaten für eine Torte
von 26 cm Durchmesser:
350 g Mehl
20 g frische Hefe
⅛ l lauwarme Milch
50 g Butter
1 Ei
½ Teel. Salz
Außerdem:
1 Eigelb zum Bestreichen
Mehl zum Ausrollen
Für die Füllung:
4 hartgekochte Eier
250 g Butter
1 Teel. Salz
2 Teel. scharfer Senf
etwas frisch gemahlener Pfeffer
3 Sardellenfilets
2 frische Peperonischoten
1 Eßl. frische, gehackte Kräuter
60 g gehackte Walnußkerne

Zubereitungszeit: 1 Stunde und 30 Minuten
Backzeit: 8–12 Minuten

Den Hefeteig wie auf Seite 9 zubereiten und, nachdem er ausreichend gegangen ist, 4 gleiche Teile abwiegen. 2 Teile zu dünnen Platten von etwa 26 cm Durchmesser ausrollen und auf das Backblech legen. Mit einer Gabel mehrmals einstechen. Den restlichen Teig zusammendrücken und ausrollen. Mit einem Teigrädchen Streifen schneiden, davon auf ein Backblech ein Gitter legen. Dieses mit einer rund gerollten Kordel aus Hefeteig begrenzen. Alles gut gehen lassen, dann mit verquirltem Eigelb bestreichen. Im vorgeheizten Backofen bei 220 °C auf der mittleren Schiebeleiste in 8–12 Minuten schön hellbraun backen.
Die hartgekochten Eier schälen, das Eiweiß feinwürfeln und das Eigelb mit der Butter schaumig rühren. Dann mit dem Salz, dem Senf, Pfeffer, den zerdrückten Sardellenfilets, den feingehackten Peperonischoten und den gehackten Kräutern mischen. Zum Schluß das gewürfelte Eiweiß darunterrühren. Die Hefeteigböden mit der Eiercreme bestreichen, aufeinandersetzen und zum Schluß das gebackene Teiggitter daraufsetzen. Den Rand mit restlicher Creme einstreichen und mit gehackten Walnüssen einstreuen.

Gefüllte Vollkornfladen

Im Bild vorne

Zutaten für 10 Stück:
250 g Weizenvollkornmehl
5 g Hefe
⅛ l lauwarmes Wasser
½ Teel. Salz · 60 g Butter
Außerdem:
Mehl zum Ausrollen
1 Eigelb · 2 Eßl. Milch
2 Knoblauchzehen
1 Eßl. grob gestoßener Pfeffer
1 Eßl. grobes Salz
2 Eßl. frische, gehackte Kräuter
Für die Füllung:
400 g Schafkäse
250 g Sahne

Zubereitungszeit: 40–50 Minuten
Backzeit: etwa 10 Minuten

Das Mehl in eine Schüssel geben, in die Mitte eine Vertiefung drükken. Die Hefe hineinbröckeln und mit dem lauwarmen Wasser auflösen. Die Butter zerlassen. Das Salz und die flüssige, abgekühlte Butter zum Vorteig geben und davon einen glatten, festen Teig kneten. Mindestens 30 besser noch 60 Minuten bei Zimmertemperatur ruhen lassen.
Den Hefeteig auf bemehlter Arbeitsfläche zu einer Rolle formen und in 20 Stücke teilen. Diese zu kleinen Kugeln schleifen und zu möglichst dünnen runden Platten ausrollen. Die Fladen auf ein gefettetes Backblech legen. Das Eigelb mit der Milch verrühren. Die Fladen damit kräftig einstreichen. Den Knoblauch schälen, zerdrükken, mit den Gewürzen und den Kräutern mischen und 10 Fladen damit dicht bestreuen. Im vorgeheizten Backofen bei 220 °C auf der mittleren Schiebeleiste etwa 10 Minuten backen.
Für die Füllung den Käse mit einer Gabel zerdrücken. Die Sahne steif schlagen und unterrühren. Jeweils 2 Fladen mit dieser Creme zusammensetzen.

Hefezopf mit Schinkenfüllung

Zutaten für 10–12 Portionen als Vorspeise:
350 g Mehl
20 g frische Hefe
⅛ l lauwarme Milch
40 g Butter
2 Eier
½ Teel. Salz
etwas geriebene Muskatnuß
Für die Füllung:
80 g Zwiebeln
½ Knoblauchzehe
40 g Butter
400 g gekochter Schinken in etwa 2 mm dicken Scheiben
3 Eier
½ Teel. Salz
etwas frisch gemahlener Pfeffer
1 Eßl. gehackte Petersilie
1 Eßl. gehackter Thymian, Basilikum und Liebstöckel, gemischt
2 Teel. gehackte Kapern
Außerdem:
Mehl zum Ausrollen
Fett für das Backblech
1 Eigelb und etwas Milch oder Wasser zum Bestreichen
grobes Salz und rosa Pfeffer (oder grüner Pfeffer) zum Bestreuen

Zubereitungszeit: 1 Stunde und 40 Minuten
Backzeit: 25 Minuten

Den Hefeteig wie auf Seite 9 zubereiten. Er soll schön formbar sein und etwa zu doppeltem Volumen aufgehen.
Die Zwiebeln schälen und ganz fein hacken. Den Knoblauch zerdrücken. Die Butter in einer Kasserolle zerlassen. Die Zwiebel und den Knoblauch darin hell anlaufen lassen. Den Schinken würfeln. In den Zwiebeln ganz kurz anbraten, dann vom Herd nehmen. Die Eier verrühren, salzen, pfeffern, mit den Kräutern und den Kapern verrühren. Diese Mischung unter die Schinkenmasse rühren und vollständig erkalten lassen.
Den Teig auf bemehlter Arbeitsplatte zu einer Platte von etwa 30 × 40 cm ausrollen. Mit einem Teigrädchen oder einem scharfen Messer an beiden Längsseiten etwa 2 cm breite Streifen 10 cm tief einschneiden, so daß in der Mitte eine Teigfläche von etwa 10 × 40 cm übrig bleibt. Auf diese Mitte die Füllung verteilen, an der Ober- und Unterkante etwas Teig freilassen. Das Eigelb mit etwas Milch oder Wasser verrühren und damit die Teigstreifen bestreichen. Diese nun von beiden Seiten abwechselnd über die Füllung legen und die Enden zudrücken, damit beim Backen keine Füllung austreten kann. Den Zopf auf ein gefettetes Backblech legen und, mit einem Tuch zugedeckt, 15–20 Minuten gehen lassen, dann die Oberfläche mit Eigelb bestreichen und mit grobem Salz sowie rosa Pfeffer (man kann auch grünen Pfeffer verwenden) bestreuen. Im vorgeheizten Backofen auf der 2. Schiebeleiste von unten bei 220 °C in etwa 25 Minuten knusprig braun backen. Warm oder kalt servieren.

Variante: Feine Lammfüllung

Statt mit Schinkenfüllung können Sie den Zopf auch mit folgender Mischung füllen. 150 g Zwiebeln schälen und feinwürfeln, 2 Knoblauchzehen schälen und zerdrükken. 2 Chilischoten feinhacken. 3 Eßlöffel Öl erhitzen. Die Zwiebeln und den Knoblauch darin glasig braten, dann die Chilistückchen zufügen und etwa 2 Minuten mitbraten. 500 g Lammfleisch aus der Keule gründlich von Fett und Sehnen befreien, feinwürfeln, zur Zwiebelmischung geben und 5 Minuten unter Rühren braten. Je 100 g Bleichsellerie und Paprikaschote würfeln und zum Fleisch geben. 1 Teelöffel Salz, 1 Eßlöffel edelsüßes Paprikapulver, 1 Eßlöffel getrocknete Kräuter (Thymian, Rosmarin, Basilikum und Salbei) sowie ½ Lorbeerblatt zugeben. Mit ¼ l Fleischbrühe aufgießen und alles bei mäßiger Hitze so lange garen, bis die Flüssigkeit verdampft ist. Etwas abkühlen lassen, dann 1 Ei darunterrühren. Den Zopf damit füllen und mit Kümmel bestreuen. Backen wie den Schinkenzopf.

Schweinefilet im Teigmantel

Fleischstücke, vornehmlich natürlich die feinen Filets lassen sich sowohl in Blätterteig als auch in Hefeteig gut einwickeln und backen. Beim Blätterteig, verwendet man ihn tiefgefroren, entfällt die Teigzubereitung, außerdem ist er locker und luftig. Hefeteig muß zwar erst zubereitet werden, aber er hat den Vorzug, daß der Fleischsaft nicht so leicht auslaufen kann und daß der damit getränkte Teig später ganz hervorragend schmeckt.

Zutaten für 4 Portionen als Vorspeise:

300 g Mehl
20 g frische Hefe
0,1 l lauwarme Milch
30 g Butter
1 Ei
½ Teel. Salz

Für die Füllung:

1 Schweinefilet (geputzt etwa 300 g)
Salz
frisch gemahlener Pfeffer
40 g getrocknete Morcheln
2 Eßl. Öl
20 g Butter
50 g Schalotten
½ Knoblauchzehe
150 g gekochter Schinken
1 Eßl. gehackte, gemischte Kräuter (Petersilie, Thymian, Basilikum)
1 Messerspitze gemahlenes Piment
1 Teel. Mehl

Außerdem:

Mehl zum Ausrollen
1 Eigelb zum Bestreichen
Fett für das Backblech

Zubereitungszeit: 1 Stunde und 30 Minuten
Backzeit: 30 Minuten

Den Hefeteig, wie auf Seite 9 beschrieben, zubereiten und gehen lassen.
Das Schweinefilet von allen Hautresten befreien, salzen und pfeffern. Die getrockneten Morcheln in lauwarmem Wasser einweichen. Das Öl und die Butter in einer Pfanne erhitzen und das Fleisch ganz kurz von allen Seiten darin anbraten. Aus der Pfanne nehmen und abkühlen lassen. Die Schalotten schälen und ganz fein hacken. Den Knoblauch zerdrükken. In der Butter-Öl-Mischung die Schalotten und den Knoblauch hell anschwitzen. Die inzwischen eingeweichten Morcheln feinhacken und den gekochten Schinken kleinwürfeln. Zusammen mit den Kräutern zur Schalottenmischung geben, dazu ½ Teelöffel Salz, das Piment und Pfeffer. Alles zusammen unter ständigem Rühren 3–4 Minuten braten. Mit dem Mehl bestauben und noch 1 Minute weiterbraten. Dann erkalten lassen.
Den Hefeteig zu einer Platte von etwa 20 × 35 cm ausrollen und die Schinkenfüllung in der Mitte des Teiges in der Länge des Filets aufstreichen. Das Filet darauflegen und die Füllung um das Filet streichen. Dann die Teigränder mit verquirltem Eigelb bestreichen, das Filet einwickeln und die Teigenden fest andrücken. Das Paket auf ein gefettetes Backblech legen. Den restlichen Hefeteig wieder ausrollen und mit einem Teigrädchen etwa 1 cm breite Streifen schneiden. Die Oberfläche des eingewickelten Filets mit Eigelb bestreichen, die Teigstreifen kreuzweise darüberlegen und ebenfalls bestreichen. Den Teig nochmals 15–20 Minuten gehen lassen. Im vorgeheizten Backofen bei 220 °C auf der mittleren Schiebeleiste etwa 30 Minuten backen. Herausnehmen und 10 Minuten ruhen lassen, bevor man das Filet anschneidet.
Ganz vorzüglich schmeckt zu einem solchen eingebackenen Filet ein frischer Salat, zum Beispiel eine Mischung aus frischen Champignons, Tomaten und Feldsalat.

Umhüllte Würstchen

Im Bild hinten

Zutaten für 8 Stück:
300 g Mehl
20 g frische Hefe
⅛ l lauwarme Milch
30 g Butter
1 Eigelb
½ Teel. Salz
etwas geriebene Muskatnuß
Außerdem:
Mehl zum Ausrollen
1 Eigelb und etwas Wasser oder Milch zum Bestreichen
Fett für das Backblech
Zum Füllen:
8 Frankfurter Würstchen

Zubereitungszeit: etwa 1 Stunde
Backzeit: 15–20 Minuten

Den Hefeteig, wie auf Seite 9 beschrieben, zubereiten und gehen lassen. Den Teig auf einer bemehlten Arbeitsfläche zu einer gleichmäßig dicken Platte von etwa 25 × 40 cm ausrollen. Diese mit einem Teigrädchen oder scharfen Messer in 8 Streifen von jeweils 3 cm Breite schneiden. Das Eigelb mit etwas Wasser oder Milch verrühren und die Streifen damit bestreichen, aber einen Rand frei lassen. Die Teigstreifen überlappend um die Würstchen wickeln, so daß diese vollständig eingeschlossen sind. Auf das gefettete Backblech legen und die Oberfläche ebenfalls mit Eigelb bestreichen. 15–20 Minuten gehen lassen, dann im vorgeheizten Backofen bei 220 °C auf der mittleren Schiebeleiste 15–20 Minuten backen. Möglichst noch lauwarm servieren.

Wurst mit Pilzen in Teig

Im Bild vorne

Zutaten für 8 Stück:
Hefeteig wie im nebenstehenden Rezept
Für die Füllung:
250 g frische Champignons
1 Zwiebel
½ Knoblauchzehe
30 g Butter
1 Eßl. gehackte Petersilie
etwas Salz und frisch gemahlener Pfeffer
2–3 Eßl. Fleischbrühe
½ Teel. Mehl
8 Wurstscheiben (Jagd- oder Bierwurst), etwa 6 cm Durchmesser und 4–5 mm dick
etwa 150 g mittelalter Gouda in 4–5 cm dicken Scheiben
Außerdem:
Mehl zum Ausrollen
1 Eigelb und etwas Wasser oder Milch zum Bestreichen
Fett für das Backblech
2 Eßl. Sesamsamen

Zubereitungszeit: etwa 1 Stunde und 30 Minuten
Backzeit: etwa 20 Minuten

Den Hefeteig wie beim vorangegangenen Rezept zubereiten und gehen lassen. Auf einer bemehlten Arbeitsfläche zu einem Quadrat von 36 × 36 cm ausrollen und dann in 9 Quadrate von 12 × 12 cm schneiden.
Für die Füllung die Champignons putzen und in dünne Scheiben schneiden. Die Zwiebel schälen und ganz fein hacken. Die Knoblauchzehe zerdrücken. Die Butter in einer Kasserolle zerlassen, die Zwiebel und den Knoblauch darin hell anschwitzen. Dann die Champignons, die Petersilie, Salz und Pfeffer zugeben. Alles bei guter Hitze 3–4 Minuten dünsten. Dann die Fleischbrühe zugießen und das Mehl darüberstauben. Nochmals 3–4 Minuten dünsten und dann erkalten lassen. Auf 8 Teigquadrate jeweils 1 Scheibe Wurst legen, die Pilzfüllung darauf verteilen. Den Käse in Quadraten von etwa 5 × 5 cm obenauflegen. Das Eigelb mit etwas Wasser oder Milch verrühren. Damit die Teigränder bestreichen, dann die Ekken zur Mitte hin zusammenlegen und fest andrücken. Die Täschchen auf das gefettete Backblech legen. Das 9. Teigquadrat etwas dünner ausrollen und 8 runde Teigplättchen von etwa 6 cm ausstechen. Die Teigtäschchen mit Eigelb bestreichen und mit dem Teigplättchen verschließen. Dieses ebenfalls mit Eigelb bestreichen und mit Sesam bestreuen. Im vorgeheizten Backofen bei 220 °C etwa 20 Minuten backen.

Lauch in Blätterteig

Zutaten für 10 Stück:
600 g tiefgefrorener Blätterteig in Scheiben
5 dicke Stangen Lauch (Porree)
Salz
10 Scheiben gekochter Schinken zu je 20 g
10 Scheiben Bergkäse oder Emmentaler Käse zu je 20 g
Außerdem:
Mehl zum Ausrollen
1 Eigelb zum Bestreichen

Zubereitungszeit: 1 Stunde und 20 Minuten
Backzeit: etwa 20 Minuten

Den Blätterteig auftauen lassen. Den Lauch putzen, sorgfältig waschen und in 10 gleichgroße Stücke schneiden. In Salzwasser 10 Minuten kochen lassen. Mit einem Schaumlöffel herausheben, in kaltem Wasser abschrecken und abkühlen lassen.
Die Blätterteigscheiben auf der bemehlten Arbeitsfläche zu Platten von je etwa 15 x 20 cm ausrollen. Jedes Lauchstück in 1 Schinken- und 1 Käsescheibe wickeln und dann in 1 Teigplatte einrollen. Das Eigelb mit etwas Wasser verquirlen, die Teigränder damit bestreichen und gut zusammendrücken. Ein Backblech mit kaltem Wasser abspülen, die Blätterteigrollen darauflegen und die Oberfläche mit Eigelb bestreichen. 15 Minuten ruhen lassen und dann im vorgeheizten Backofen bei 220 °C auf der mittleren Schiebeleiste etwa 20 Minuten backen. Den Lauch in Blätterteig sofort servieren.
Gemischter Salat schmeckt gut dazu.

Variante: Chicorée in Blätterteig

Nach demselben Rezept kann man auch Chicorée in Blätterteig zubereiten. Dazu möglichst kleine Stauden verwenden. Nach dem Putzen und Waschen nur 2–3 Minuten in Salzwasser blanchieren, dann ebenfalls abschrecken und abkühlen lassen. Wie im Rezept »Lauch in Blätterteig« beschrieben, in Schinken, Käse und Blätterteig wickeln und genauso bestreichen, ruhen lassen und backen. Ebenfalls warm servieren.

Variante: Spargel in Blätterteig

Nach der gleichen Methode kann man die Teigtäschchen auch mit Spargel füllen. Man muß allerdings vorsichtig zu Werke gehen, weil Spargel sehr empfindlich ist. Der grüne Spargel ist etwas robuster in seiner Konsistenz und auch im Geschmack und eignet sich deshalb ganz besonders gut. 500 g geputzten grünen Spargel für höchstens 2 Minuten in kochendes Salzwasser legen. Er soll nur ein wenig zusammenfallen und etwas weich werden, damit er sich leichter in den Teig wickeln läßt; er darf aber keinesfalls zu weich werden. Wieder herausnehmen und abkühlen lassen. Dann in entsprechend große Stücke schneiden, damit er auf die Blätterteigplatten paßt (dabei darauf achten, daß die Spargelspitzen und die Enden in etwa gleichmäßig verteilt sind). 10 Scheiben gekochten Schinken auf der Arbeitsfläche ausbreiten (hier wird kein Käse verwendet, um den zarten Spargelgeschmack nicht zu stören) und darauf die Spargelstücke verteilen. Dann aufrollen und auf die Blätterteigplatten legen, mit etwas frisch gemahlenem Pfeffer bestreuen und dann wie beim Rezept »Lauch in Blätterteig« weiter verarbeiten.
Diese Rollen sind eine ganz hervorragende Vorspeise, wenn sie mit einer Joghurt-Kräuter-Sauce oder mit einer Kräuter-Mayonnaise serviert werden.

Rezept- und Sachregister

Farbfotos auf dem Einband:
Vorderseite: Lauchtörtchen nach dem Rezept »Lauchtorte« auf Seite 64, in Förmchen von 10 cm Durchmesser gebacken. Die Menge ergibt 10 Törtchen.
Rückseite: oben, von links nach rechts: Forellenpastetchen (Rezept Seite 44), Kräuter-Quiche und Tomatentorte (Rezepte Seite 66), Gefüllte Blätterteigtaschen (Rezept Seite 34). Unten, von links nach rechts: Zwiebelkuchen vom Blech (Rezept Seite 30), Pikant gefüllte Vollkornbrötchen (Rezept Seite 24), Speckkuchen (Rezept Seite 28).

Farbfotos: Christian Teubner
Food-Styling: Christine Reuland
Redaktion: Antje Schunka-Späth
Einbandgestaltung: Heinz Kraxenberger

Printed in Germany

ISBN 3-7742-4065-5

Auflage 4. 3. 2. 1.
Jahr 01 00 99 98

Christian Teubner
ist seit vielen Jahren vielbeschäftigter gastronomischer Fotograf. In seinem Studio für Lebensmittelfotografie entstehen Meisterwerke kulinarischer Aufnahmen, und aus seiner Probeküche kommen verlockende Kreationen von neuen Rezepten. Christian Teubners Arbeiten sind in ganz Europa ein Begriff, denn wo es um Küche und Keller geht – ob Buch, Plakat, Film oder Zeitschrift – erkennt man seine »Handschrift«.